행복한 삶을 위한
독서의 기술

행복한 삶을 위한 독서의 기술

초판 1쇄 2020년 12월 23일
지은이 박지영 | **펴낸이** 송영화 | **펴낸곳** 굿위즈덤 | **총괄** 임종익
등록 제 2020-000123호 | **주소** 서울시 마포구 양화로 133 서교타워 711호
전화 02) 322-7803 | **팩스** 02) 6007-1845 | **이메일** gwbooks@hanmail.net

ISBN 979-11-972750-1-2 03190 | 값 15,000원

※ **굿위즈덤**은 당신의 상상이 현실이 되도록 돕습니다.

행복한 삶을 위한 독서의 기술

박지영 지음

굿위즈덤

— 프롤로그 —

절망을 행복으로 바꿔주는 독서의 힘

인생에서 가장 꽃다울 나이 스무 살, 그때의 기억을 잊지 못한다. 거울을 보며 내가 나에게 해준 말은 '괴물 같아….' 나는 그렇게 세상에서 제일 소중한 나를 세상에서 제일 미워했다. 그리고 세상에서 제일 불행한 사람이 되어버렸다.

그 시절 나는 최대 106kg까지 나가는 초고도 비만이었다. 삶을 포기하고 싶을 정도로 인생이 힘들었던 나는 죽음에 대해서 항상 생각했다. 마음이 편한 곳이 없었기 때문이다. 학창시절 겪었던 왕따와 따돌림은 나에게 대인기피증과 우울증을 가져다주었다. 그렇게 나는 마음에 상처를 입은 채 방황하기 시작했다.

어린 시절 따돌림을 당하기 전까지는 정말 밝고 사람을 좋아하는 아이였다. 하지만 사람들을 좋아하는 내가 사람들에게 받을 수 있는 미움을 다 받은 뒤에는 그 상처에서 헤어나오지 못했다.

그 시절 모두가 나에게 쓸모없는 존재라고 이야기했다. 무엇을 하고 싶다고 하면 할 수 없다고 이야기했다. 친구들은 나를 그렇게 불렀다. '찐따'라고. 찐따는 찌질한 사람, 어울리지 못하는 사람을 뜻하는 비속어이다. 그들은 단지 내가 뚱뚱하다는 이유 하나만으로 나를 따돌리고 미워했다. 진짜 나쁜 친구들인데 정작 나는 화를 낼 수 없었다.

주변에 기대고 도움을 요청할 곳도 없었다. 나를 위해 열심히 맞벌이하시는 유일한 내 편인 부모님을 걱정시켜드리고 속상하게 해드리고 싶지 않았기 때문이다. 그리고 무엇보다 나는 친구들이 무서웠다. 내 물건을 아무렇지 않게 훔쳐가고 내 옷에 낙서하며 나에게 인격 비하의 발언을 하는 친구들이 너무 무서웠다. 그래서 나는 아무것도 하지 못하고 학교 화장실에서 매일 울고만 살았다.

나는 성격 자체가 남을 미워하지 못하는 사람이다. 그래서 나는 나에게 못되게 구는 사람들조차 미워하질 못했다. 그래서 나는 나를 세상에서 제일 미워했다. 나를 미워하는 일이 세상에서 제일 마음이 편했다. 그래서 나는 음식으로 나를 학대하기 시작했다. 타인과 현실이 내게 주는 상처들 때문에 생기는 화를 모두 음식으로 표출했다.

나는 점점 살이 쪘고 건강이 안 좋아졌으며 삶의 모든 것을 부정하는 사람이 되어버렸다. 그렇게 나의 삶은 점점 나락으로 떨어졌고 희망이라는 것은 보이지 않는 사람으로 세상과의 단절을 끊어 버린 채 삶을 살았다. 그렇게 평생 바닥만 기며 희망 없이 살 것 같던 나였다.

그러나 그런 내 인생도 포기하지 않고 버티니까 독서라는 친구가 선물처럼 찾아왔다. 독서라는 친구는 인생의 모든 것을 내게 가르쳐 주었다. 마음을 이야기하는 법, 행복해지는 법, 좋은 친구 사귀는 법, 살을 빼는 법 등 사소한 부분부터 인생의 큰 부분까지 가르쳐주었다. 책을 만나 깨달았다. 이 세상에 제일 소중한 존재는 바로 나 자신이라는 사실을.

그 뒤로 나의 삶은 180도 변화했다. 인생을 변화시키는 큰 수단은 바로 마음가짐이다. 독서를 통해 감사하는 마음을 배웠고 삶을 감사하며 살다 보니까 내 인생이 너무 소중하게 느껴졌다. 그 뒤로 나는 행복을 배우고 느끼는 사람이 되었다. 행복한 삶을 인지하며 살다 보니 내가 사는 이곳이 얼마나 아름다운 세상인지를 깨달았다. 그리고 가슴에 꿈을 꾸며 살아가는 사람으로 변했다. 가장 힘든 문제였던 살도 최대 45kg 감량에 성공했다.

처음에는 걷는 것도 힘들었는데 책을 통해 꾸준함의 힘과 감사의 마음에 대해 배운 나는 포기하지 않고 꾸준히 노력했고 지금 가진 것들에 대한 감사에 집중했다.

'내가 살이 많이 쪄서 힘들 때에도 걸을 수 있는 다리가 있어서 감사해. 그리고 예쁜 풍경을 보며 운동할 수 있는 눈이 있어 감사해.'

이렇게 사소한 것부터 모든 것에 감사하기 시작했다. 감사하는 마음으로 삶을 살다 보니 점점 삶이 더 감사하고 긍정적으로 변했다. 그렇게 꾸준한 운동과 식이요법으로 나는 다이어트에 성공했다.

이렇게 내가 다이어트에 성공하고 모든 삶의 부분에서 성장할 수 있었던 것은 바로 나를 끝까지 믿어주고 지켜줬던 독서 덕분이다. 그래서 나는 독서가 삶에 끼치는 영향이 얼마나 큰지를 누구보다 잘 알고 있다.

나는 내 삶을 아름답고 행복하게 바꿔준 독서의 가치와 힘을 세상에 널리 알리고 싶다. 그래서 독서로 내 인생을 변화시켰던 것처럼 많은 사람에게 도움이 되었으면 하는 마음으로 책을 집필하게 되었다.

과거의 나처럼 삶을 포기하고 싶은 사람들이 있다면 포기하지 말라고 이 자리에서 간절히 부탁하고 싶다. 내가 독서를 만나 나의 소중함을 깨달았듯이 당신도 내 책을 읽고 당신이 얼마나 소중하고 귀한 사람인지를 알아주었으면 좋겠다. 다른 사람이 몰라주더라도 나는 알고 있다. 당신이 얼마나 아름답고 소중한 존재인지를 말이다.

나는 과거의 나처럼 인간관계에 마음이 아프고 현실에 지치고 힘든 사람들에게 용기와 희망을 주며 도와주는 사람이 되고 싶다. 나의 이야기가 조금이라도 그들에게 힘이 되어줄 수 있다면 진심으로 행복하겠다.

FOOD FOR THOUGHT
79
meeting people," he says, animatedly.
for hospitality and enjoyed the job. But his
less than pleased.
the youngest child in the family, my mother was
affectionate. I would never do something without
permission. It was very difficult for me to convince
I wanted to switch to the hotel industry, because she
teaching was the best, most respectable job in the
She said, "From being a professor, you want to become a
OTELIER!! Have you gone mad?"
days, working at a hotel - even a five star - was not
cceptable. Besides, holding two jobs could not have
morning and night?" I ask.
and night."
I can work for 14-18 hours non-stop. Even
sleep, it is enough."
t thus: College from 9 am to 4.30 pm.
very night he would get home
for the next day's classes.
nd management papers.
n to my students."
b to be 'strenuous'

— 목차 —

2장 책을 읽자 삶이 달라지기 시작했다

3장 하루 한 페이지 지치지 않고 매일 읽는 법

— 1장 —

위태한 나의 삶에 희망을 심어준 독서의 힘

— 01 —

나는 독서를 만나 행복해졌다

나는 한 권의 책을 책꽂이에서 뽑아 읽었다.
그리고 그 책을 꽂아놓았다.
그러나 나는 이미 조금 전의 내가 아니다.
- 앙드레 지드 -

먹는 것으로 스트레스를 풀던 왕따 소녀

학생의 신분을 졸업하여 사회로 나아가는 첫걸음을 축하받는 고등학교 졸업식 날. 모두의 축하 속에서 설레고 행복한 표정을 짓고 있는 친구들 사이에서 나는 어두운 표정을 숨기지 못한 채 불안에 떨고 있었다. 그리고 마음속으로 졸업식이 끝나는 순간만을 간절히 바랐다. 당장 할 수만 있다면 그 자리에서 도망치고 싶었다. 그래서 나는 숨 막히는 졸업식이 끝나자마자 친구들과 졸업 사진 한 장도 남기지 않은 채 그 자리를 황급히 떠났다. 그날 이후로 나는 세상과의 소통을 끊고 살았다.

어린 시절 나는 사람들을 너무 좋아해서 자신보다 타인을 먼저 배려하는 아이였다. 그리고 먹을 것을 참 좋아했던 나는 통통한 체구를 가지게 되었다. 사람을 좋아하고 타인에게 미움을 받아본 적이 없던 아이가 자라서 중학생이 되었다.

중학교 친구들은 뚱뚱했던 나를 다르게 느꼈던 것 같다. 그래서 나는 친구들에게 단지 외모가 뚱뚱하다는 이유로 따돌림을 받기 시작했다. 친구들이 나에게 주는 차가운 시선과 행동 그리고 날카로운 말들은 나를 너무 힘들게 하였다. 그래서 매일매일 눈물이 마를 날이 없었다.

자존감이 형성되기 시작하는 사춘기 시절, 나는 자존감이라고는 찾아볼 수 없는 사람이 되어버렸다. 그래서 나는 누가 나에게 상처를 주더라도 나 자신을 지키는 법을 모르는 사람이었다. '아무리 생각해도 내가 친구들에게 잘못한 게 없는데 이렇게 힘들 수 있을까?'라는 생각을 자주 했다. 이런 생각을 자주 반복하다 보면 이러한 결론이 나온다.

'나의 존재 자체가 잘못된 것이구나.'

그렇게 나는 우울증과 대인기피증에 빠져 나의 삶을 부정하기 시작했고 내 인생은 불행해졌다. 나의 존재를 부정한 이후의 삶은 어떻게 되었을까? 나의 가치를 인정해주지 않으니 고등학생이 되어도 우울증과 대인기피증은 나아지지 않고 심해졌다.

그 시절 나에게는 유일한 도피처가 있었는데 그것은 바로 음식이었다. 나는 스트레스를 먹는 것으로 풀었다. 이상하게 음식을 먹는 순간에는 힘든 생각이 들지 않았다. 그래서 나는 마음속 공허함을 먹는 것으로 채우기 시작했다. 사실 먹어도 마음속 공허함이 채워지지 않는다는 걸 잘 알면서도 그 끈을 놓을 수가 없었다. 이렇게 나는 몸과 마음의 병을 더 크게 키울 수밖에 없었다. 악순환은 반복되었고 나는 세상에서 점점 더 고립되어갔다.

어디론가 도망치고 싶었다. 나 자신을 부정하는 삶은 너무 힘든 일이다. 삶을 포기하고 싶다는 생각도 여러 번 했다. 하지만 나는 그 순간마다 포기할 수 없었다. 그 이유는 나를 믿어주고 사랑해주는 가족들이 있었기 때문이다. 그리고 다짐했다. 세상에 당당하게 부딪쳐보기로.

그 날 이후 나는 모든 걸 처음부터 다시 생각해보기로 했다. 어디서부터 어떻게 시작해야 할지 모르겠지만 일단 나의 삶을 다시 잘 살아보기로 마음먹었다. 고민 끝에 제일 먼저 한 일은 바로 서점을 간 것이다. 그 이유는 성공한 사람들은 모두 책을 읽는다는 이야기를 들었기 때문이다.

처음 서점에 들렀을 때 무엇을 해야 할지 몰라서 그냥 책들을 만지작거리며 책을 구경했다. 그렇게 구경을 하던 중 유난히 눈에 강렬하게 띄는 책을 발견했다.

인생을 바꾼 책 한 권을 만나다

그 책은 바로 팀 페리스 작가의 『타이탄의 도구들』이었다. 내가 그 책을 구매한 이유는 단순했다. 세상의 최고의 자리에 오른 사람들은 어떤 사람들일지 궁금했기 때문이다. 그들이 성공한 방법을 담은 책이라는데, 정말 삶을 살아가면서 인생을 바꿀 수 있는 방법들이 존재하는 것인지 의문을 가졌다. 그리고 그 책을 집어 든 나는 책에게 마음속으로 이야기했다.

'책아, 어떻게 하면 나의 인생도 달라질 수 있을까? 나 정말 살고 싶어. 제발 나를 도와줘. 부탁해.'

나는 그날 책을 구매한 것만으로 내 인생이 조금은 달라진 것만 같은 위안을 받았다. 집으로 돌아와 처음으로 내가 나의 인생을 변화시키기 위한 노력을 했다는 생각에 뿌듯했다. 그리고 책상 위에 놓인 책을 본 엄마는 웃으며 말했다.

“책을 샀구나.”

나는 그 이야기를 듣고 이렇게 이야기했다.

“서점에 들렀다가 그냥 한번 사봤어요.”

부끄러운 듯한 표정의 나를 눈치챈 엄마는 나에게 다가와 잘했다며 칭찬을 해주셨다. 엄마의 행복해하시는 모습에 나도 같이 행복해졌고 칭찬을 받아 속으로 너무 기뻤다. 나는 그렇게 책을 만나 조금씩 행복을 배워가는 중이었다. 그리고 그 책은 마치 나의 속삭임을 들은 것처럼 나의 인생을 정말로 멋지게 바꿔주었다.

나를 바꿔준 『타이탄의 도구들』이란 책을 읽으며 나는 인생 처음으로 할 수 있다는 용기를 얻었고 마음의 위로를 받았다. 나는 세상에 잘나고 멋진 사람들은 처음부터 완벽하고 멋진 사람들인 줄 알았다. 그런데 그것은 나의 착각이었다. 과거에 나보다 더한 고통을 겪은 사람도 있었고 처음부터 성공하고 완벽한 사람은 없었다. 팀 페리스 작가는 이렇게 이야기한다.

'인간은 불완전한 존재다. 빈틈없는 사람이 성공한다는 것은 착각이다. 이 세상에 존재하는 모든 인간은 자기 내면에서 치열한 전쟁 중이다. 이 책의 타이탄들도 다를 것 없다. 그리고 그들은 모두 걸어다니는 결점투성이였다.'

이 글을 본 나는 무언가 알 수 없는 가슴속의 타오름을 느꼈다. 그 타오름은 바로 열정이었다. 그리고 생각했다. 비록 나는 지금 결점투성이지만 나도 세계 최고의 성공자들처럼 나의 결점을 극복하고 성공할 수 있다고 다짐을 했다. 나는 그 책을 만나 열정을 배우고 행복을 느꼈다.

과거 나의 주위 사람들과 나를 싫어했던 사람들은 나에게 "네가 할 수 있겠어?"라는 비난 섞인 의심의 말을 자주 했다. 그래서 나는 항상 기가 죽어 있었다.

그런데 독서를 통해 만난 세계 최고의 성공자들은 나의 부정적인 주변 사람들과는 너무 달랐다. 그들 모두가 나에게 할 수 있다고 말해주었다. 그리고 그들은 결점투성이였던 자신도 해냈기 때문에 나도 충분히 해낼 수 있다고 말해주었다. 그래서 힘이 났다. 나를 믿어주는 사람들이 이렇게 멋진 사람들이란 생각에 기쁘고 든든한 지원군이 생긴 것 같아 너무 행복했다.

그리고 나는 독서 속에서 만난 그들을 내 인생의 멘토로 정했다. 삶을 불안해하던 내게 독서라는 멘토가 생겼다. 인간관계에 외로움을 느끼던 나는 책을 통해 만난 멘토들과 정서적 교감을 시작한 이후로 더 이상 외롭지 않게 되었다. 독서를 하면서 고민에 대한 해결방안도 알 수 있어 걱정도 없어지게 되었다.

그 결과 나는 웃음이 많아졌다. 그리고 삶이 점점 건강해지고 행복해졌다. 나를 행복하게 만들어주는 책과 책 속의 멘토들을 사랑하게 되었다. 나의 자화상이 점점 행복하게 변하기 시작한 것이다. 그리고 나를 행복하게 만들어주는 멘토들의 말과 행동을 따라 하기 시작했다.

책 속에서 만난 멘토들은 모두 공통점이 있었다. 그들은 사랑이 넘치고 긍정적이며 삶의 감사함을 알고 열정과 행복을 추구한다. 나는 나를 믿어주는 사람들을 믿는다. 그 믿음이 강해질수록 나는 점점 그들과 닮아가며 멋진 사람으로 성장할 수 있었다.

독서를 하면 할수록 나는 점점 강해지고 행복한 사람이 되어갔다. 나를 믿고 지지해주는 책과 성공한 멘토들이 있어 나는 이제 삶이 두렵지 않다. 살고 싶다. 그것도 엄청 행복하게 말이다.

나는 자주 생각한다. 행복을 배우고 열정을 느끼며 살기 시작했던 시기가 언제였는지 말이다. 그건 바로 독서를 시작했을 때이다. 나는 독서를 만나 인생이 행복해지는 법을 배웠다. 그리고 행복해졌다.

— 02 —

만약 당신이 지금 도망치고 싶다면

> 나를 죽이지 못한 모든 시련은 나를 한층 더 강하게 만든다.
> 살아 있는 한, 나는 점점 더 강해질 것이다.
>
> **- 니체 -**

보이지 않는 친구들 사이의 권력

사람들은 살다 보면 누구나 도망치고 싶은 순간이 온다. 나 역시 도망치고 싶었던 순간들이 있었다. 남들에게는 별거 아닌 평범한 일상도 나에게는 참으로 어려웠던 과거가 기억이 난다.

나에게는 학교에 가는 일이 참으로 어려웠다. 매일 학교에 가는 일. 어쩌면 학생에게는 당연한 일이겠지만 나에게는 그 당연한 일도 엄청난 용기가 필요했다. 학교에 가면 친구들에게 받는 소외감과 외로움은 나를 도망치고 싶게 만들었다.

인간은 혼자서 살아갈 수 없는 사회적 동물이다. 사회적 동물인 인간은 그만큼 외로움과 소외감을 견디기 힘들어하는 존재이다. 사회에서 받는 소외감은 정서적으로 큰 외로움을 느끼게 한다. 외로움은 모든 마음의 병의 근원이다. 현대 사회의 가장 큰 고질병인 중 하나인 우울증도 이 외로움에서 비롯된다.

힘든 감정이 한가지의 마음에서 끝나면 얼마나 좋을까? 하지만 부정적인 감정은 끝이 없다. 한번 빠지기 시작하면 끝도 없이 어두운 감정들이 올라온다. 그리고 자존감이 참으로 낮아진다. 내가 나의 존재를 부정함과 동시에 모든 일의 도전이 참으로 어렵게 느껴진다. 일상의 모든 순간이 두려워지고 도망치고 싶어진다. 그래서 나는 자존감이 점점 낮아질수록 모든 일상이 두려움으로 다가왔다. 항상 모든 일에 주눅이 들었다.

그리고 나는 타인의 눈치를 자주 보게 되었다. 더는 누군가에게 미움을 받고 싶지 않다는 생각이 머릿속에 가득 차있었다. 그래서 나는 거절을 할 줄 모르는 사람이 되어버렸다. 누군가 나에게 부탁을 하면 그 일이 무리한 부탁이든 아니든 상관없이 모든 부탁을 들어주게 되었다. 나는 그저 사람들에게 사랑을 받고 싶었다. 그런데 사람들의 사랑을 받고 싶어서 한 행동들이 사랑을 받기보다는 나를 곤란하게 만드는 상황이 자주 벌어지게 되었다.

처음에는 부탁을 받아 들어주기 시작한 일들이 점점 이상하게 변질이 되어버렸다. 열심히 한 숙제를 아무렇지 않게 가져가 베껴서 제출하는 친구, 나의 체육복을 허락 없이 빌려가 체육 시간이 되어도 돌려주지 않는 친구처럼 말이다. 결국 나는 체육복 없이 수업을 듣게 되었고 선생님께 혼이 크게 났다. 서럽고 억울한 마음에 집에 돌아와 펑펑 울었던 기억이 난다.

이런 무례한 부탁을 하는 경우는 나에게만 해당되는 일이 아니었다. 나의 친구도 나처럼 학교 친구들 사이에서 소외를 당하는 친구였다. 어느 날 친구는 나에게 이렇게 이야기했다.

"나의 물건을 말없이 빌려가 돌려주지 않는 무례한 친구들이 너무 많아. 그리고 내가 무엇을 하려고 하면 부정적 비판을 자꾸 해서 힘들어."

나는 친구의 말을 공감하기에 너무 슬픈 감정이 들었다. 친구는 다시 나에게 "그래서 주눅이 들어서 너무 힘들고 도망치고 싶어."라고 이야기를 하였다. 그리고 그 친구도 내가 겪은 일들을 공감하며 부탁을 한두 번 들어주기 시작한 일이 어느 순간 나쁘게 변질되었다고 서러움을 토로했다. 그때마다 우리는 스트레스와 마음의 상처를 많이 받았다. 이 일을 통해 친구 사이에도 평등하지 못한 보이지 않는 갑과 을의 사이가 존재한다는 것을 깨닫게 되었다.

이처럼 우리는 마음이 힘들거나 불안할 때 삶에서 도망치고 싶은 마음이 가득 생긴다. 하지만 이런 마음이 든다고 해서 힘들어하거나 우울해하지 않기를 바란다. 이런 마음이 드는 것 자체가 그대가 이미 열심히 버티며 살고 있다는 것이다.

사람은 누구나 최선을 다해 살아간다. 설사 아무것도 하는 일이 없이 무기력한 하루를 보낸다 하더라도 그대는 무사히 하루를 잘 보내주고 버텨주었기 때문에 하루를 잘 살아준 것이다. 이 위태로운 마음은 언제든지 찾아올 수 있고 누구나 겪을 수 있는 마음이기 때문에 도망치고 싶은 순간이 오면 '나만 이럴 때 지치고 도망치고 싶은 마음이 드는 게 아니야. 누구에게나 힘들고 도망가고 싶은 순간이 존재해.'라며 자기 자신을 이해해주고 위로해주는 사람이 되어야 한다.

도망치고 싶은 순간에 나를 잡아준 독서

내가 도망치고 싶은 순간에 나 자신을 이해해주고 위로해줄 수 있는 사람이 된 이유는 바로 독서를 만나 삶의 이유를 다시 배웠기 때문이다. 가끔 독서를 좀 더 일찍 알았으면 좋았을 텐데 하는 생각도 들지만 '늦었다고 생각할 때가 가장 빠른 때'라는 말처럼 나를 변화시켜준 독서의 힘과 존재에 감사한다.

책에는 이 세상의 모든 지혜가 담겨 있다. 고민이 있을 때 책 속의 지혜를 배우고 삶의 적용을 시키다 보면 어느새 끙끙 앓았던 고민도 해결되어있었다.

당신은 고민이 생기면 어떤 방법으로 고민을 해결하는가? 보통 사람들의 경우 친구들이나 주변 지인에게 자신의 고민을 이야기할 것이다. 물론 이 경우도 좋은 방법의 하나겠지만, 지인들의 답변으로 얻을 수 있는 해답의 한계는 분명 존재한다. 그리고 무엇보다 아무에게도 털어놓을 수 없는 나만의 비밀 고민들이 있으므로 책을 통한 고민 해결 방안은 아주 좋은 방법 중 하나이다.

우리가 다가오는 현실에 흔들릴 수밖에 없는 이유는 우리가 바로 사람이기 때문이다. 사람으로 태어났기에 우리는 생각할 수 있고 말을 하며 소통할 수 있으며 많은 감정을 느낄 수 있다. 바로 이 감정은 사람이 가진 아름다운 특권 중 하나이다. 이것은 한 가지 감정에 국한되지 않는다. 그렇기에 우리는 다양한 감정을 느끼고 생각하며 말할 수 있다. 오히려 한 가지 감정에 치우친다면 그것 또한 문제가 될 것이다.

많은 감정이 존재하기에 다양한 생각 속에서 각자의 개성을 존중하며 우리는 세상을 함께 살아가고 있다. 이 사실을 인정하고 나면 마음이 편안해진다. 사람은 자기 자신에게 인정을 받아야 행복하다. 나를 인정하지 못하고 부정하는 삶은 너무나 힘들고 불행한 삶이다.

독서를 만나기 전에 나의 삶은 불행했다. 그 이유는 사람은 대부분 마음먹는 만큼 행복하기 때문이다. 과거의 나는 힘들었다는 이유만으로 나의 삶을 불행하다는 말로 감싸고 나를 숨겼다. 이렇게 나를 숨기면 괜찮아 질 줄 알았지만 절대 그렇지 않았다. 나를 숨기면 숨길수록 나는 점점 더 작아져만 갔다. 그리고 삶은 내가 말한 그대로 불행해졌다. 그리고 마음속 불안이 커질수록 도망치고 싶은 마음만 가득해졌다. 사람들을 무서워했고 나에게 일어나는 모든 일이 두려웠다.

두려운 일들이 잔뜩 찾아와 불행하다고 생각하던 과거를 돌아보니 내가 도망치고 싶은 답답한 현실 속에서도 포기하지 않았다는 것을 알게 되었다. 시간이 약이라는 말이 있듯이, 아무리 도망치고 싶은 순간을 만나더라도 우리는 시간이 흐를수록 강해지기 때문에 충분히 극복할 수 있다. 결국, 살아간다는 것은 강해지고 있다는 것이다.

위태로운 시간과 삶 사이에서 도망치고 싶은 마음을 추스르고 더 빨리 도약하고 싶다면, 지금 행복한 삶을 살 수 있게 만들어준 독서를 추천해주고 싶다. 독서를 시작하면 삶이 변한다. 그것도 아주 멋지게 변할 것이다. 그리고 아주 빠른 속도로 변하기 시작할 것이다.

독서가 나에게 가르쳐주는 삶의 깊이와 통찰력은 세상을 살아가는 데 중심을 잡을 수 있는 지지대 역할을 해주었다. 책 안에서 배울 수 있는 지식이 너무나 많아서 삶을 더욱 건강하게 살 수 있게 되었다.

지금의 나를 돌아보면서 자신이 왜 도망치고 싶은지, 혹은 왜 힘든지 자꾸 의문이 생긴다면 자신을 돌아본 다음에 나에게 해답을 줄 수 있는 관련 책을 찾아 꼭 읽어보길 바란다. 내가 도움을 받았던 것처럼 당신에게도 큰 도움이 될 것이다.

도망치고 싶은 순간이 온다 해도 우리의 삶은 틀린 것이 아니다. 우리는 살아가면서 현실에 부딪히며 계속 단단해져서 극복할 수 있다. 그러니 괜찮다. 뭐든지 용기를 갖고 부딪쳐보았으면 좋겠다.

— 03 —

나는 살기 위해 독서했다

> 내 비장의 무기는 아직 내 손안에 있다. 그것은 희망이다.
>
> **- 나폴레옹 -**

외로운 나에게 다가와 친구가 되어준 독서

나에게는 언제나 힘이 되어주고 용기를 주는 영혼의 단짝 친구가 있다. 그건 바로 독서다. 독서는 내게 가장 소중한 친구다. 그리고 독서라는 친한 친구가 있다는 건 정말 큰 감사와 행운이라고 생각한다. 독서라는 친구와 우정을 쌓을수록 나는 점점 강인해지고 멋지게 성장하고 있음을 느낀다. 독서가 나의 친구가 되어주어 너무나 행복한 삶을 살고 있다. 독서라는 친구는 항상 희망을 나에게 선물해주는 고마운 존재이다.

나는 독서라는 친구를 만나 참으로 행복한 순간이 많다. 독서는 삶의 어느 순간에나 나의 곁을 지켜준다. 내가 우울할 때, 힘들 때, 기쁠 때, 슬플 때, 혹은 어떠한 순간이 오더라도 항상 내 곁에 있어준다. 나는 살아가면서 여러 가지 일들을 겪을 때마다 항상 생각한다. 독서를 만나게 되어서, 독서를 할 수 있어서, 내가 책을 읽을 수 있는 사람이라서 너무 감사하다고 말이다.

지금은 독서의 즐거움과 감사함을 깨닫고 독서를 사랑하는 마음으로 매일 책을 읽는 사람으로 살고 있지만, 과거의 나는 살고 싶다는 절실한 마음으로 독서를 했다. 과거의 나는 우울했고 삶을 감사하기보다는 힘들다는 마음으로 하루하루를 살고 있었다. 삶의 이유에 대한 고민을 많이 했고 무엇보다 고단한 하루를 도망치고 싶다는 생각을 자주 했다.

사람을 좋아했지만, 우울증과 대인기피증이 심해진 이후로는 아무도 만나고 싶지도 보고 싶지도 않았다. 어느 순간 사람들이 무서워졌고 그들을 대할 때 모든 면에서 조심스러웠다. 외로운 걸 누구보다 싫어했지만 혼자 있고 싶었다. 그래서 나를 좋아하는 사람들도 밀어내기 시작했다. 나를 항상 사랑해주고 응원해주는 가족들, 나를 좋아해주는 친구들, 힘들었던 시기에도 감사한 사람들이 내 곁에 존재하는데도 나는 그 사실을 인지하지 못했다.

그냥 막연히 너무 힘들고 살고 싶지 않으니까 모든 것을 부정하며 살게 되었다. 그런 생각으로 하루하루를 보내니 결국 나의 과거와 현재, 그리고 곧 만나게 될 미래까지도 불행할 수밖에 없었다.

불행하다고 나 자신을 싫어하며 살고 있었던 나에게도 지키고 싶은 것이 있었다. 그건 바로 내 가족이다. 삶이 힘들어 모든 것을 포기하고 싶었던 순간에도, 내 안의 상처를 이기지 못하고 방황하고 있을 때도, 내면의 슬픔을 표출하지 못해 방 안에만 숨어 있을 때도 그들은 나를 포기하지 않고 끝까지 믿어준 사람들이다.

내 전부를 걸어도 소중한 내 가족. 내가 아무리 못난 행동을 해도 그들은 나를 사랑으로 지켜주었고 불안한 나를 일으켜 세웠다. 그래서 그들을 두고 삶을 포기할 수 없었다.

그들이 나를 지켜주는 만큼 나도 그들을 지키고 싶었다. 그러기 위해선 강해져야 했다. 내가 그들을 지켜줄 수 있는 사람이 되려면 강해져야만 했다. 언제까지 그들의 울타리 안에서 눈물로 의미 없는 하루를 보낼 수 없었다. 그렇게 나는 살기 위해서, 그리고 강해지기 위해서 절실한 마음으로 치열하게 책을 읽었다.

사실 처음에는 책을 읽는 습관이 들지 않아서 책을 읽는 것이 너무나 어려웠다. 그렇지만 나에게는 내 인생을 멋지게 바꿔줄 수 있는 유일한 돌파구가 책밖에 없었다.

누구에게 다가가서 내 인생을 구원해달라고 말할 곳도 없었다. 아무리 생각해도 고민을 털고 기댈 곳도 없었다. 더는 가족들에게 짐이 되고 싶지 않았기 때문이다. 무엇보다 세상과의 소통을 단절한 나이기에 나는 할 수 있는 것이 독서밖에 없었다. 그래서 지금 나에게 주어진 현실을 누구보다 잘 알기에 나는 지푸라기 잡는 절실한 심정으로 독서를 하기 시작했다.

책을 읽는 속도나 집중 정도는 많이 떨어질지 몰라도, 나는 절실하게 책을 읽었기 때문에 책을 손에서 절대 놓지 않았다. 틈이 나면 책을 읽었다. 출퇴근하는 지하철에서도, 밥을 먹고 나면 여유가 생기는 점심시간에도, 퇴근하고 잠들기 전까지 나는 책만 읽었다. 주말에는 회사에 출근하지 않기에 독서를 좀 더 오래 할 수 있었다.

그때는 친구들을 만나지 않고 집 회사만 반복하고 살아서 인간관계에 대한 사무치는 외로움에 힘들었던 기억이 많은데, 지금 생각해보면 오히려 그렇게 외로웠기 때문에 책이랑 더 친해질 수 있던 것 같다.

오늘을 버티며 살던 내가 내일을 바라는 삶으로 변하다

책이랑 친해질수록 나는 점점 더 성장해갔다. 분명 책 읽는 속도는 느렸지만, 나의 인생은 변하고 있었다. 나는 원래 책을 읽기 전에는 먹고 자는 것 외에는 아무 것도 하지 않는 사람이었다.

회사에 다니는 이유는 돈을 벌어 부모님을 경제적으로 좀 더 편하게 해드리고 싶다는 것뿐이였다. 나의 삶의 목적이 무엇인지 항상 고민했지만, 굳이 찾자면 당시엔 그것뿐이었다. 부모님이 더는 돈 때문에 힘들지 않게 하는 것이 내가 돈을 버는 이유였다. 그래서 나는 음식 외에는 나를 위해 돈을 써본 적이 없다.

나에게 허락된 유일한 마약이 음식이었다. 음식을 마약이라고 표현한 이유는 내가 과식과 폭식을 반복하며 나를 학대하는 수준으로 음식을 섭취했기 때문이다. 마약은 중독성이 강하다. 마약을 하면 할수록 사람은 정신적으로, 신체적으로 망가진다. 나는 음식을 마약처럼 먹었고 점점 더 망가져갔다. 게다가 살이 점점 쪄서 악순환이 계속 반복될 수밖에 없었다.

그랬던 내가 나를 위해 음식이 아닌 다른 것을 사기 시작했던 것이다. 그것이 바로 책이었다. 그래서 책을 살 때마다 드는 생각이 있다. 나를 힘들게 하는 음식을 구매할 때는 항상 슬펐는데, 음식이 아닌 나를 성장시키는 도구를 찾아 구매하면 나에게 큰 위로가 되었다. 책은 나의 모든 것을 바꿔준 소중한 존재이기도 하지만, 내가 사람답게 살 수 있도록 그런 사소한 성취 면에서도 나에게 용기를 주었다.

사람답게 사는 법을 책에서 하나하나 배우기 시작했다. 사람답게 사는 법을 배우니 삶을 포기하지 않고 다시 살아보고 싶다는 생각을 조금씩 하기 시작했던 것 같다. 힘이 들었던 그 시기에는 인지하지 못했지만 돌이켜보면 분명 간절하게 원하고 있었다. 잘 살고 싶다고 말이다.

다음 날이 오기를 기다렸다. 내일이 기다려지기 시작했다. 책을 읽는 것이 아직은 어렵고 서툴지만, 책이 나에게 말해주는 다음 이야기들도 빨리 듣고 싶어졌다. 그래서 나는 고단한 하루를 마치고 책을 읽는 시간이 기다려졌다. 책을 읽은 뒤 잘 시간이 다가오면 책을 덮고 침대에 누워서 생각했다. 빨리 다음 내용이 읽고 싶다고.

나는 그 기다림이 좋았다. 외롭다고만 생각했던 나의 삶이 항상 외롭지 않게 되었다. 어느 순간에도 책들은 내 곁을 지켜줬다. 무언가를 기다릴 수 있는 삶은 정말 소중한 삶이다.

불과 몇 년 전만 해도 내일이 오지 않기를 바라던 나였다. 하루하루가 불행했다. 과거의 트라우마를 극복하지 못해 영화 테이프가 매일 재생되는 것처럼 과거의 상처가 떠올라 나를 괴롭혔다.

그랬던 나였는데, 매일 버티는 삶을 살고 있었던 내가 살기 위해 독서를 시작한 이후 내일이 오기를 바라는 사람으로 변해가는 것이 너무나 신기했다. 불행하다고 믿었던 삶이 더는 불행하지 않게 되었다. 책을 읽고 있는 순간에도 나에게 주어진 시간이 너무나 고맙게 느껴지기 시작했다. 책을 통해 고마움이라는 감정도 배우며 살아가게 되었다. 그리고 그런 나를 통해 보았다. 바로 내가 내 안의 희망을 느끼고 품었다는 것을 말이다.

— 04 —

내 삶의 유일한 탈출구, 독서

> 세상은 고통으로 가득하지만
> 그것을 극복하는 사람들로 가득하다.
>
> **- 헬렌 켈러 -**

외로움을 극복하게 해준 책을 만나다

가끔 그런 꿈을 꾼다. 한없이 터널을 달리는 꿈. 그 터널은 어둡고 길다. 그곳을 계속 달린다. 달리다 보면 끝이 보일 것 같지만 아무리 달려도 끝이 보이지 않는다. 그리고 나는 꿈에서 깨어난다. 꿈에서 깬 나는 생각한다. '이 터널의 끝이 있을까?'라는 생각과 함께 '그래도 터널인데, 이 터널에도 끝이 있겠지.'라는 생각도 든다. 이것은 내가 과거 우울했던 시기에 자주 꾸었던 꿈이다. 지금은 이 꿈을 꾸지 않는다. 아마 불안했던 나의 내면이 반영되어 자주 꾸게 된 꿈인 것 같다.

이 꿈에 대해 말하는 이유가 있다. 과거 방황했던 나와 닮은 꿈이기 때문이다. 꿈 속의 긴 터널은 바로 나의 고통을 뜻한다. 지금의 나는 그 터널에서 빠져나왔다. 그 터널에서 나올 수 있었던 방법은 바로 독서였다. 독서는 내 삶의 유일한 탈출구가 되어주었다. 긴 터널 안을 달리던 과거에는 너무 힘들고 추웠는데 독서를 통해 만난 터널 밖 세상은 매우 아름답고 따뜻했다.

가끔 나는 이런 생각을 한다. 내가 독서를 하지 않았다면 나의 삶이 어땠을까? 사실 상상하고 싶지 않다. 책을 알게 된 이후의 삶에 너무나 감사하고 있기 때문이다. 하지만 한 가지 확실한 것이 있다. 책을 만나지 않았더라도 삶을 살아가고 있었겠지만 이렇게 매일 감사함을 느끼며 살지는 못했을 것이다. 그래서 이런 생각을 자주 한다. 책을 사랑하는 사람으로 살 수 있어서 감사하다고, 그리고 책을 만나서 너무나 다행이라고. 그 정도로 책은 나의 인생에 있어 값을 매길 수 없을 정도로 크고 소중한 존재이다.

누구에게나 답답한 마음이 가득할 때가 있다. 내가 그랬다. 마치 음식을 과하게 먹고 체해서 속이 답답한 것처럼 삶이 답답하게만 느껴졌다. 나의 인생을 어디서부터 어떻게 바꿔야 하는 건지 도무지 감이 잡히지 않았다. 내가 지금 힘들어하는 문제들이 나에게는 너무나 고되고 큰 고민거리들인데, 이 고민을 해결하려면 어디서부터 어떻게 시작해야 할지 몰라 너무 막막했다. 그렇게 삶이 답답하게 느껴질 때마다 나에게 용기를 주고 이끌어 준 것이 바로 책이다.

내가 외로움에 지쳐 있었을 때 외로움을 다른 시각으로 바라보게 해 준 한 권의 책이 있다. 그 책은 바로 나코시 야스후미 작가의 『혼자만의 시간이 필요한 이유』라는 책이다. 이 책에서 나코시 야스후미는 주장한다.

"현대 사회에서 혼자만의 시간을 갖는 건 꼭 필요하다. 인간관계에 집착하기보다 자기 자신에게 몰두할 때 인간은 외로움에서 벗어날 수 있다. 그리고 가슴에 깊은 공허함을 품고 있는 사람들에게 나는 혼자 있는 시간인 솔로 타임을 가져보라고 말한다. 솔로 타임이란 일상적인 인간관계에서 잠시 벗어나 조용하고 안전한 곳에서 혼자만의 시간을 보내는 것이다. 이 방법만으로도 가슴 속에 자리 잡은 깊은 공허함에서 벗어날 수 있다."

나코시 야스후미씨의 말처럼 나는 이 책을 보기 전까지는 혼자 있는 시간이 많아서 외롭고 부끄러웠다. 그리고 항상 고독을 무서워했었다. 그렇지만 책을 통해 혼자만의 시간이 꼭 필요하다는 사실과, 그 시간을 통해 성장하고 마음이 건강해질 수 있다는 것을 알게 되었다. 혼자 있는 시간이 처음으로 고맙게 느껴졌다. 그리고 자기 자신에게 몰두하는 것이 얼마나 중요한 일인지 배우게 되었다.

그 뒤로 나는 생각했다. 어쩌면 외로운 시간도 나를 돌아보게 해주는 값진 시간이 될 수도 있다고. 그리고 지금의 외로운 시간이 나에게 정말 의미 있는 시간으로 바뀌게 될 것이라고 믿게 되었다.

그 이후로 나는 외로움을 덜 느끼게 되었다. 나에게는 정말 신기하게 느껴지는 일화이다. 이 책 한 권으로 오랜 세월 가졌던 슬픔을 느끼는 일이 확 줄어버리다니, 내가 생각해도 너무 흥미로운 일이다. 무엇보다 혼자만의 시간이 필요하다는 그 말이 나는 참 좋았다.

이 일을 계기로 나는 책에 더욱 빠지게 되었다. 외로움에 대한 가치관이 바뀌게 된 것부터가 나에게는 너무나 기적 같은 일이기 때문이다. 나는 절실히 느꼈다. 책이 내 인생의 유일한 탈출구라는 사실을 말이다. 그리고 외로움에 대한 시간을 긍정적으로 바라보게 되었을 때 모든 일이 생각하기 나름이다라는 생각을 하게 되었다.

외로움에 대한 편견을 깨다

혼자 있는 시간이 많으면 외로움을 느끼는 건 당연하다. 인간은 사회적 동물이기에 혼자서 살아갈 수 없다. 그렇기에 감정을 나누고 서로 소통을 해야 한다. 그 정도로 인간은 외로움에 대처하는 자세가 익숙하지 못하다.

그렇지만 주변에 사람들이 많다고 해서 인간이 외로움을 느끼지 않는 것도 아니다. 한 친구는 항상 주변에 사람들이 많다. 그 친구는 모든 사람에게 인기가 많아 모두에게 사랑받는다.

나는 그 친구가 사람들에게 인기가 많아서 당연히 사람에 대한 외로움을 거의 느끼지 못할 것이라고 생각했다. 그래서 그 친구에게 어느 날 넌지시 물어보았다.

"너는 주변에 친구들이 참 많아서 좋겠다. 주변에 친구들이 많아서 외롭진 않겠어. 친구가 많은 삶은 어때?"

그 친구는 나에게 이렇게 말해주었다.

"지영아, 꼭 그렇지도 않아. 친구가 많다고 해서 안 외로운 것이 아니야. 때로는 많은 인간관계에 공허함과 허탈함을 느낄 때가 많아. 오히려 나처럼 많은 친구보다 한 명이라도 정말 좋은 친구를 만나는 게 더 중요한 것 같아."

나는 그 친구의 말을 듣고 나서 참 많은 생각을 했다. 내게 친구가 별로 없어서 내가 외로움을 많이 탄다고 생각했기에 친구가 많아지기만 하면 고민도 자연스럽게 사라질 것이라고 생각했다. 그런데 친구가 많은 사람도 나처럼 외로움과 공허함을 느낀다는 사실에 많이 놀랐다. 그리고 편견으로 타인을 바라보는 것을 반성하게 되었다. 나는 그 일을 계기로 사람을 더 깊게 보는 법에 대하여 배우게 되었다.

독서는 나에게 아낌없이 주는 나무이다. 내가 독서를 통해서 외로움에 대한 시선을 긍정적으로 바꾸어서 삶을 변화시켰던 것처럼, 독서는 내 인생의 고민거리를 해결하도록 지혜를 아낌없이 나눠주는 고마운 존재이자 탈출구이다.

누구나 삶을 살아가다 보면 예기치 못한 순간에 걱정거리와 고민이 생기기 마련이다. 그 고민거리로 인해 때로는 힘들고 지치겠지만 고민이 있으면 해결책도 존재하는 것이기에 너무 지치지 말았으면 한다.

우리는 삶을 계속 살아가게 될 것이다. 매일 인생의 하루를 마주하는 것이다. 그렇기에 더는 힘들지 않았으면 한다. 당장 고민이 있다면 힘들겠지만 그 고민거리도 금방 해결될 것이라고 믿는다.

그리고 지금의 나는 주위 사람들에게 '걱정이 없어 보인다' '항상 행복해 보인다'라는 말을 자주 듣는다. 그때마다 사람들이 나에게 해준 말을 생각하며 나를 돌아보게 되는 것 같다. 나는 걱정이 생기면 그때마다 독서와 마음 수련을 통해 감정을 다스린다. 그렇기에 지금의 나는 마음 속의 화를 담아두려고 하지 않는다.

이처럼 나의 내면을 건강하게 바꿔준 존재는 바로 책이다. 그렇기에 당신도 고민이 생겨서 힘들다면 책을 읽어서 고민을 해결하는 데 도움을 받았으면 좋겠다.

책에는 없는 지식이 없다. 그 정도로 책은 거대한 지혜의 창고이다. 나의 고민과 닮아 있는 책이 분명 존재한다. 그 책의 저자가 제시해주는 해결 방법을 참고해 실행한다면 고민에 대한 시행착오를 줄일 수 있다. 실행하기도 전에 책을 읽자마자 해결될지도 모른다. 책은 마음을 안정시켜주는 역할을 해주기 때문이다. 나 역시 그랬다.

책을 읽는 그 순간에는 마음이 너무 편안했다. 나는 책을 사랑할 수밖에 없었다. 책은 나의 인생의 유일한 탈출구이기 때문이다.

— 05 —

나의 인생에 기적같이 찾아온 독서

> 꿈을 품고 뭔가 할 수 있다면 그것을 시작하라.
> 새로운 일을 시작하는 용기 속에
> 신의 천재성과 능력과 기적이 모두 숨어 있다.
>
> **- 괴테 -**

마음이 건강해야 하는 이유

아무리 생각을 해도 독서를 하게 된 것은 나의 인생의 기적이다. 다시 한 번 생각해도 내가 책을 읽게 된 것은 삶의 기적이다. 이처럼 나는 삶의 기적을 독서를 통해 만났다. 그 정도로 독서는 나의 인생을 180도 멋지게 바꾸었다. 나의 모든 부분을 폭발적으로 성장시켰다. 나의 인생을 구원해준 기적이 바로 독서이다. 나는 나의 인생을 멋지게 만들어준 독서에 대해 큰 감사를 느끼며 사는 중이다.

독서를 하면 할수록 나의 내면이 단단해지고 있음을 느끼고 있다. 바로 마음이 강해지는 중이다. 나는 그래서 마음 건강을 참 중요하게 생각하는 사람이다. 그래서 나는 마음 공부를 열심히 한다. 마음 공부를 하기에 가장 좋은 공부법은 바로 독서라고 생각한다.

마음이 왜 중요한 것일까? 그건 바로 내면이 건강하지 않으면 아무런 소용이 없기 때문이다. 현대 사회에서는 외적인 부분 그리고 스펙을 중요하게 여긴다. 그래서 사람들은 사회가 추구하는 미적 기준에 자기 자신을 맞춘다. 나만의 자아와 개성을 존중하기보다는 타인의 시선을 더 신경 쓴다. 무엇보다 스펙에 목숨을 건다. 나는 그 현실이 참으로 안타깝다.

물론 현실 사회에서 스펙 쌓기는 참으로 중요하다. 나도 주위 친구들의 이야기도 많이 듣고 취업 준비를 해봤기 때문에 스펙이 얼마나 중요한지 잘 안다. 하지만 묻고 싶다. 스펙 쌓기에 모든 걸 쏟기 이전에 나의 마음은 한 번이라도 들여다본 적이 있는지를 말이다.

과거의 나는 나의 내면을 들여다볼 생각조차 하지 않았다. 그래서 내가 아픈지도 몰랐다. 내면이 병들면 사람들은 잘 모른다. 보이지 않는 부분이기 때문에 알 수 없다. 그렇기에 내면이 아프면 결국 모든 삶에 영향을 끼칠 수밖에 없다. 후유증이 있는 것이다. 그래서 내면이 아프면 결국 삶 전체가 흔들리게 된다.

누가 봐도 근사하고 멋진 건물이 있다. 새 건물이고 튼튼해 보이고 아름답다. 그런데 사실 그 건물은 빨리 건물을 완성하기 위해 내부 공사를 철저히 진행하지 못해 부실 공사로 완공된 건물이었다. 이 건물은 겉보기에는 튼튼해 보여도 결국 내부의 부실 공사로 인해 안전성이 보장되지 못한 건물이다. 이 건물을 내부 점검을 통해 관리하고 수리하면 안전하게 관리할 수 있을 것이다. 하지만 정기 점검도 하지 않고 내버려둔다면 어떤 일이 일어날까? 내부의 부실 공사 요인으로 이 건물이 최악에는 무너질 수도 있다.

위의 건물 공사의 예시로 보듯이 사람의 내면도 똑같다. 겉은 멋있고 멀쩡해 보여도 사실 마음은 병들어 있을 수도 있다. 내가 과거에 내면이 아팠듯이 말이다.

그리고 한 가지 신기한 사실은 나의 가까운 가족과 지인들 외에는 내가 마음이 아팠던 것에 대하여 대부분 주변 사람들은 그 사실도 인지하지 못했다는 점이다. 나는 지인들에게 "네가 그렇게 힘들었었는지 꿈에도 생각 못 했어. 항상 보면 웃고 있으니 말이야." 이런 이야기들을 자주 들었다. 그래서 나는 생각했다. 어쩌면 내 주위에도 나처럼 마음이 아프고 힘든데 과거의 애써 밝은 척하며 살아갔던 나처럼 마음을 숨기고 살아가는 지인이 있지 않을까?

하고 말이다.

나는 과거의 아픔을 극복하고 마음이 건강해지는 법을 알고 있는 사람으로서 나의 주변에 그런 지인이 있다면 도와주고 싶다. 나는 이 일들을 겪은 뒤로 사람들에게 더 많은 사랑과 배려를 베풀 줄 아는 사람이 되었다.

마음이 건강해야 한다. 마음이 건강해야 무슨 일이든 잘해낼 수 있는 힘이 난다. 마음이 아프면 아무것도 하기 싫어진다. 나의 내면이 힘이 드는데 어떻게 현실을 잘 살아갈 수 있겠는가? 그래서 나는 사람들에게 마음 공부를 해보기를 추천한다.

마음은 그냥 생각하는 대로 대하며 살아가면 안 된다. 마음을 이해해야 하고 들여다볼 줄 아는 사람이 되어야 한다. 그리고 꾸준한 마음 공부를 통해 마음 근육을 강화해야 한다. 마음이 건강한 자가 세상에서 제일 강인한 자라고 생각한다. 왜냐면 마음이 강한 사람은 어떠한 상황 속에서도 이겨 낼 힘이 내면에 있다. 그리고 시련이 온다 해도 변형된 축복이라고 생각한다.

나도 요즘 마음이 강해진 뒤로 생각한다. 나의 콤플렉스였던 나의 과거들이 축복이라고 말이다. 그 일들이 없었다면 나는 책을 만나지도 못했을 것이고 지금처럼 책과 사랑에 빠지는 일은 꿈에도 생각하지 못했을 것이다. 그리고 지금처럼 긍정적이고 행복한 삶을 감사하며 살아가는 사람이 되지 못했을 것이다.

독서를 만나 마음이 건강해지다

나는 과거 콤플렉스였던 비만과 왕따로 인한 내면의 상처들에 고마움을 느낀다. 이 아픔들이 있어서 지금의 내가 있는 것이다. 그리고 그 일들을 겪었기 때문에 강해질 수 있었다. 아니, 나는 강해질 수밖에 없었다.

나는 지금의 현실에 힘이 들고 버거운 사람들에게 감히 말하고 싶다. 포기하지 말라고, 삶을 포기하고만 싶었던 나도 버텨내고 버텨내니까 행복한 날이 찾아왔다고 말이다. 당신이 지금 마주한 현실이 잔인하고 무섭더라도 당신은 오늘 하루도 잘 버텨주고 잘 살아주었다. 그리고 나와 이 세상을 함께 살아가줘서 너무 감사하다고 꼭 말해주고 싶다. 모든 일이 괜찮아질 일만 남았으니 조금만 더 힘내주었으면 좋겠다.

그리고 마음을 건강하게 하는 방법은 무엇일까? 나는 독서가 마음을 건강하게 해주는 최고의 방법이라고 생각한다. 나 역시 독서를 통하여 마음이 건강해진 사람이기 때문이다. 아무래도 삶의 변화를 직접 경험해 본 사람으로서 나는 독서의 중요성을 누구보다 잘 알고 또 독서가 가진 힘이 얼마나 대단한지 느낀다. 그러므로 마음을 강하게 하는 독서를 추천한다.

그리고 마음 공부를 본격적으로 시작하기 전에 우선 나의 마음이 왜 힘든지를 들여다보는 시간을 가져야 한다. 나의 내면과 마주하는 시간 말이다. 이 시간만큼은 다른 사람의 시선에서 벗어나 오로지 나 자신하고만 마주 보았으면 좋겠다. 그러면 분명 내가 평소에 생각하지 못했던 것들을 느낄 것이다. 그것들을 알아차리는 것이 참으로 중요하다.

그리고 내면과의 대화가 어려운 사람들에게 나는 말하고 싶다. 이미 충분히 잘하고 있다고 말이다. 이미 나와의 내면을 들여다보는 시간을 가진 것 자체가 잘한 일이라고 말해주고 싶다.

처음에 익숙하지 않고 어렵더라도 꾸준히 나와의 시간을 갖다 보면 내가 무엇을 원하는지 무엇을 원하지 않는지가 보일 것이다. 내가 왜 힘이 드는지 혹은 왜 슬픈지 무엇을 할 때 행복한지 말이다. 그렇게 나와 내면의 대화를 통해서 나의 마음을 느꼈다면 나의 마음과 맞닿아 있는 책을 찾아서 읽으면 되는 것이다.

나는 한창 삶을 포기하고 싶다는 생각을 자주 하였을 때 삶의 죽음에 대해서 고민을 많이 하게 되었는데 그때 나의 내면과 맞닿아 있던 제목을 보고 책을 구매한 적이 있다. 그 책의 제목은 하야마 아마리 작가의 책, 『스물아홉 생일, 1년 후 죽기로 결심했다』이다. 나는 이 책의 제목을 보는 것만으로도 위안을 받은 기억이 난다. 죽고 싶었던 일본의 작가는 결국 살아서 한국에 있는 나에게까지 위로를 주었다. '얼마나 힘들고 죽고 싶었으면 생일 날 1년 후에 죽기로 결심했을까?' 하며 참으로 많은 생각을 했다.

애초에 나는 죽음에 대해 고민하기 이전에 살고 싶었던 마음이 강했던 것 같다. 그렇기에 죽지 않고 살아서 나에게 위로를 해 준 하야마 아마리 작가의 책을 선택한 것이다.

'모든 것을 포기하고 싶었고 삶의 마지막이라고 생각했던 스물아홉 나이에 삶의 절망인 그 시기가 인생의 터닝 포인트였다.'

작가는 이야기한다. 이 말처럼 나도 마음이 제일 힘들었던 시기에 책들을 만났고 마음을 위로하는 법을 배우고 책을 통해 나의 고민에 대한 답을 찾게 되었다.

그 후로 나는 내면이 점점 더 건강해지고 있음을 느끼게 되었다. 삶의 기적이 일어난 것이다. 그렇기에 마음이 힘든 사람들도 내면의 대화를 통해 닮아 있는 책을 찾아 읽기 시작한다면 분명 마음이 점점 더 건강해지게 될 것이다.

독서가 내 인생에 기적이었던 것처럼 당신의 인생에도 기적이 찾아오기를 바란다.

— 06 —

책을 읽기만 했을 뿐인데

자신이 자기 비하에 빠져 있다는 사실을
용감하게 인정하는 것은 매우 어려운 일이다.
그러나 일단 그것을 인정하는 순간,
우리는 행복의 실마리를 잡을 수 있다.

- 랄프 왈도 에머슨 -

나의 변화와 함께 찾아온 주변 사람들의 변화

책을 읽은 뒤로 나의 인생 모든 것이 변화하기 시작했다. 나의 가족과 친구들, 그리고 내가 살아가는 생활의 모든 면에서 나아지기 시작했다.

우선 가족들과의 사이가 너무 화목해졌다. 과거의 나는 표현을 잘하지 못했다. 힘든 일이 있어도 열쇠를 채우듯이 속으로만 끙끙 앓으며 방 안에 혼자 틀어박혀 울기만 했다. 나의 가족들은 그런 나를 항상 걱정했고 안쓰럽게 생각했다. 나에게 다와가 조언을 해줘도 나는 진심이 담긴 조언들이 들리지 않았다. 그리고 자존감이 한없이 작아져 바닥을 치던 때였기에 나는 가족들에게 조차 나의 존재가 오점이고 부끄럽다고 생각을 했다.

우울증과 대인기피증으로 방 안에만 박혀 있던 시절에 친했던 친구들에게서 오는 연락들도 나는 피할 수밖에 없었다. 그냥 모든 것이 싫었고 무서웠다. 나의 존재가 부끄럽게만 느껴졌기 때문이다. 그래서 사람들이 무서워지기 시작한 후에 끝도 없이 자존감이 바닥으로 추락하게 되었다.

어느 날 집에만 있는 딸을 걱정하던 엄마는 주말에 나를 데리고 외출하였다. 엄마는 하나뿐인 딸이 회사 이외에는 집에서만 생활하는 것을 안쓰럽게 생각하셨다. 그래서 나에게 바깥 공기도 쐬고 맛있는 것도 같이 먹고 예쁜 옷도 사주고 싶은 마음으로 나를 데리고 외출했다.

그런데 내가 불안한 마음을 숨기지 못했다. 지나가는 사람들의 시선이 너무 무서웠다. 나를 보는 시선들이 나에게 욕을 하는 것만 같았다.

학창시절 나는 지나다닐 때 마다 욕을 먹었다. 친구들이 귓속말을 들리게 하며 나를 욕했기 때문이다.

'돼지가 지나간다.'

'땅이 울린다.'

'저게 사람이냐?'

이런 식으로 인격 비하하는 말들을 아무렇지 않게 하는 친구들의 이야기를 듣고 살다 보니 그 트라우마로 나를 모르는 사람들도 나를 욕한다는 생각을 자연히 반복하게 되었다.

그 뒤로 나는 대인기피증이 생겼고 이 대인기피증은 '내가 너무 못났어. 사람들이 그래서 나를 욕하는 거야. 나는 너무 뚱뚱하고 못생겼어.' 이런 자기비하 발언을 계속하게 했다. 그러자 나는 정말 모든 사람이 나를 욕하고 있는 것처럼만 느껴졌고 세상이 무서워졌다.

결국 그날 나에게 예쁜 옷을 선물해주고 싶었던 엄마에게도 상처를 주었다. 백화점에 갔는데 맞는 옷이 없던 것이다. 매장 직원들마다 고객님의 사이즈에 맞는 옷이 없다는 말을 반복했고 나는 너무 창피해서 숨고만 싶었다.

부끄러워서 빨개진 얼굴을 하며 옷을 보러 다니던 중 한 매장에서 이 옷은 크게 나와서 괜찮으니까 한번 입어보라는 점원의 말을 듣고 용기 내어 옷을 입어보았다. 하지만 옷을 입던 중 바지의 단추가 잠기지 않았다. 그렇게 나는 결국 옷을 사고 나오질 못했다. 나는 그동안 속에 쌓인 상처가 터지듯이 서럽게 펑펑 울며 엄마에게 말했다.

"내가 집 밖으로 나오기 싫다고 했잖아요. 옷 같은 거 하나도 갖고 싶지 않다고 했잖아요."

집에 돌아온 나는 세상이 분하게만 느껴졌다. 나를 생각해서 외출을 시킨 엄마에게 울분이 담긴 화를 내며 상처를 주었다. 너무 죄송스러운 마음뿐이었다. 엄마가 한 것이 사랑하는 딸을 위한 행동이었다는 걸 나는 누구보다 잘 알고 있었다. 내가 세상에서 가장 사랑하는 사람에게 상처를 주는 나 자신에게 너무 화가 났다. 내가 화를 낸 건 엄마 때문이 아니라 그냥 답답한 자신이 싫었기 때문이었다. 그날 말로 표현할 수 없는 다양한 감정이 교차했다. 그 정도로 나는 삶의 기본적인 부분에서도 매우 힘들었었다.

이랬던 나였는데… 인생의 바닥에서 헤어 나오질 못했던 내가 책을 읽은 뒤에 모든 것이 아름답게 변화했다. 가장 큰 변화 중 하나는 주변 사람들의 시선이 달라졌다는 것이다. 무엇보다 내가 사랑하는 엄마에게 힘이 되어주는 긍정적인 존재가 되었다. 엄마는 이제 나에게 이렇게 이야기해주신다.

"우리 딸이 너무 멋지게 변해서 엄마는 너무 행복하고 감사하단다."

가족들도 나에게 이렇게 이야기를 해준다.

"걱정을 많이 했는데 지영이가 밝아지고 건강해져서 너무 다행이다. 너무 고맙다."

그리고 지금의 친구들에게도 "지영이는 항상 긍정적이고 밝은 멋있는 친구야."라는 말들을 자주 들으며 살고 있다. 무엇보다 지금 현재 내가 운영하고 있는 가게에서도 손님들께 친절하다는 칭찬을 자주 듣는다.

이렇게 삶이 무섭고 불안했던 내가 책을 만나 변화하기 시작했고 모든 사람이 나를 바라보는 시각 또한 나를 응원해주고 칭찬해주는 사람으로 변하게 되었다. 이 모든 것은 책을 읽고 나서부터 일어난 변화들이다. 이렇게 긍정적인 나로 변할 수 있었던 이유는 바로 나의 자존감이 높아졌기 때문이다. 책을 읽음으로써 내가 소중한 존재라는 사실을 배웠기 때문이다.

책에서 자주 만나는 공통된 메시지가 있다. 그것은 세상에서 제일 소중한 존재는 바로 나 자신이라는 말이다. 나는 이 말을 통해 새로운 인생을 얻었다.

세상에서 제일 소중한 존재는 바로 나 자신이다

나는 나 자신이 세상에서 제일 쓸모없다고 생각했는데 사실은 나 자신이 세상에서 제일 소중한 존재였다는 사실에 큰 위로를 받게 되었다. 나는 그 뒤로 생각의 관점이 변하기 시작했다. 나를 존중해주기 시작한 것이다. 처음으로 자신을 인정해주었다.

내가 읽은 대부분의 책에서는 공통으로 말한다. 지금의 모습이 어떻든, 자신이 마음에 안 들고 못나 보이더라도 세상에서 제일 소중한 사람은 자기 자신이고 자신을 있는 그대로 사랑해주어야 하며 또한 우리는 사랑받아야 하는 존재라는 것이다. 이 말처럼 있는 그대로 자신을 사랑해주는 것이 참으로 중요하다.

나를 사랑하는 것이 왜 중요한 것일까? 나는 나의 삶과 모든 것의 중심이기 때문이다. 누가 나에게 '나는 왜 소중해?'라고 질문을 한다면 나는 이렇게 이야기해주고 싶다. 내가 존재하지 않으면 나의 삶도 존재하지 않기 때문이다. 내가 존재하기 때문에 삶을 살아갈 수 있는 것이다. 우리의 인생의 주인공인 바로 내가 중요하지 않다면 도대체 우리의 인생에서 무엇이 중요하다는 말인가? 우리는 존재 자체로 사랑받아야 하는 너무나 소중한 사람들이다.

많은 사람은 이 사실을 인지하지 못한 채 삶을 괴롭게 살아간다. 나는 말해주고 싶다. 당신은 당신 그 자체로 소중한 사람이라고, 나 자신을 자책하고 힘든 일에 괴로워하며 살기엔 당신은 매우 아름다운 사람이라고 말이다.

그 뒤로 나는 자신을 사랑하는 법에 대해 배우게 되었다. 그리고 내가 얼마나 소중한 사람이라는 사실을 깨닫게 된 뒤로는 나를 존중해주게 되었다. 나 자신을 존중하게 되자 신기하게도 폭식이 줄었다. 과거의 스트레스에 대한 해소방법으로 나는 폭식을 택했다. 그래서 나는 체할 때까지 음식을 섭취했다. 그랬던 내가 오랜 습관인 폭식이 줄어든 것이다. 폭식이 줄어드니 삶이 더 건강해지기 시작했다.

무엇보다 나는 폭식을 하고 나면 기분이 너무 안 좋았다. 너무 많이 먹어서 속은 아프고 허탈하며 찝찝한 기분이 사라지지 않았다. 이런 악순환의 연결고리를 계속 반복하던 내가 나를 아껴주고 존중해주기 시작하니 나를 괴롭히던 폭식을 점점 하지 않게 되었다. 너무나 신기한 일이다. 폭식이 줄어간다는 것은 눈에 보이지 않는 마음이 건강해지고 있음을 말해주는 것이다. 그래서 나에게는 참으로 뜻깊은 일이었다.

나는 책을 통해서 나 자신의 소중함과 나를 사랑하는 법에 대해 배웠고 지금도 계속 멋지게 성장하며 배워가는 중이다. 나는 책을 통해 나를 존중하게 되었고 나의 주관을 갖게 되었다. 그리고 타인의 걱정만 받고 살던 내가 주변 사람들에게 긍정적 영향을 주는 강인한 사람으로 변하여 인정받기 시작했다. 이 모든 삶을 살 수 있게 해준 것은 바로 책이다. 정말 나는 책만 읽었을 뿐이다.

— 07 —

감사와 긍정을 부르는 독서

행복은 바로 감사하는 마음이다.

- 조셉 우드 크루치 -

책을 통해 긍정적인 사람으로 변하다

책을 읽고 가장 큰 변화 중 하나는 삶이 정말 아름답게 변한 것이다. 내가 삶을 긍정적으로 바라보기 시작하면서 일상 속의 작은 일에도 감사함을 느끼며 살아가고 있기 때문이다. 삶은 너무나 아름다운 것이다. 나는 매일 오늘이라는 하루를 선물 받고 감사한 하루를 살아가는 중이다. 그 하루 속에서 만나는 하늘, 나무 같은 자연과 오늘도 내 곁에서 사랑을 주는 내 가족과 친구들 그리고 내가 하루를 보내며 보고 느끼는 모든 것이 감사하고 매우 아름답다. 나는 이런 아름다운 생각을 하며 삶을 살아갈 수 있어서 너무나 행복한 사람이다. 매일 삶 속에서 만나는 모든 만물을 느끼며 살아가고 있으며 나의 삶이 모든 것에게 사랑받고 있음을 믿고 있다. 나는 사랑받아야 마땅한 귀한 존재이다.

당신도 마찬가지이다. 모두 귀중한 사람들이다. 대부분의 사람은 자기 자신이 소중하다는 사실을 인지하지 못하지만, 당신은 참으로 소중하다. 그리고 당신은 귀한 대접을 받고 사랑받기 위해 태어난 사람이다. 지금 이 글을 읽고 있다면 당신이 너무나 소중한 사람이라는 것을 인지해주었으면 한다. 이 사실은 언제라도 깨달을 수 있는 사실이기에 늦은 건 하나도 없다.

모두가 사랑스러운 사람임을 알아주었으면 하는 바람이다. 그래서 나는 나의 주변 사람들과 지인들에게 당신은 참 소중하고 아름다운 사람이라고 이야기를 자주 해준다. 내가 해주는 이야기로 내가 아끼는 사람들이 더 행복했으면 하는 바람에서 하는 말들이다. 나는 세상의 모든 사람이 아름다운 존재들이라고 믿고 있으므로 더욱 사람들에게 긍정적 메시지를 자주 전해준다. 그리고 나는 사람들에게 사랑을 나눠줄 때 큰 행복을 느낀다.

어느 순간부터 나는 참으로 긍정적인 사람이 되어 있었다. 변화의 시기는 정확하게 말할 수 없지만 서서히 부정적인 자화상이 긍정적인 자화상으로 변해가고 있음을 느꼈다. 내가 이제 강인한 마음을 가진 긍정적인 사람이 되었다는 사실을 인지했을 때는 나의 주변 사람들이 나의 사랑이 담긴 응원으로 힘을 내고 있다는 감사의 메시지를 받기 시작했을 때부터이다. 어느 순간 나는 그렇게 긍정의 힘을 내뿜는 따뜻한 사람이 되어있었다. 나도 부정적이었던 내가 이렇게 밝아질 수 있다는 사실에 놀랍고 신기했다.

사람들이 자주 하는 말 중에 '사람은 안 바뀐다'라는 말이 있다. 나는 이제 당당히 말할 수 있다. 타인을 바꾸진 못해도 유일하게 이 세상에 단 하나 나 자신은 바꿀 수 있다고 말이다. 바로 내가 그 예시이다.

내가 이렇게 긍정적인 사람이 될 수 있었던 것은 다 독서 덕분이다. 독서를 하면서 마음이 건강해졌기 때문이다. 무엇보다 나는 독서를 할 때 내가 좋아하는 멘토들의 공통점을 찾는 것을 참으로 좋아했는데 내가 존경하는 멘토들의 공통점이 있었다. 그 공통점은 바로 긍정적인 사람들이라는 점이다. 그들은 위기와 역경, 시련이 와도 감정을 빠르게 긍정적으로 전환할 줄 아는 사람들이었다. 그리고 그 위기도 나를 성장시키는 과정이라고 생각하며 희망을 놓지 않는다. 내가 존경하는 멘토들은 감정을 다스릴 줄 아는 대가이다.

멘토들이 알려준 긍정적인 하루를 보내는 방법

나는 책의 영향을 많이 받는 사람이다. 그래서 내가 닮고 싶어 하는 멘토들의 행동을 따라 하기 시작했다. 긍정적인 사람은 정확히 어떻게 해야 긍정적인 사람이 될 수 있는지 모르겠지만, 그들처럼 긍정적인 사람이 되고 싶었던 나는 그들을 무작정 따라 하기 시작했다.

나의 책 속에서 만난 멘토들은 항상 이렇게 이야기했다. 성공한 사람들은 모두 긍정적이며 행복한 삶을 살려면 긍정적인 사람이 되어야 한다고 말이다. 나는 그 말을 들을 때마다 긍정적인 사람이 되어 행복한 삶을 살고 싶다는 생각을 자주 하게 되었다. 그 뒤로 나는 긍정적인 사람이 되려고 노력하기 시작했다. 긍정적인 삶을 살기 위한 책 속에 나와 있는 방법들은 대개 이렇다.

첫 번째, 명상을 해라. 명상을 통해 나의 내면을 다스리고 감정을 바라보는 법을 수행해라. 온전히 나 자신에게 집중할 수 있는 시간이다.

두 번째, 아침 일기를 써라. 아침에 일어나 일기를 쓰면 긍정적인 마음가짐으로 하루를 시작할 수 있게 된다.

세 번째, 긍정적 암시를 통한 확언을 해라. 나 자신에게 긍정적인 말들을 직접 들려줌으로써 기분 좋은 감정을 받아들이고 뭐든지 할 수 있다는 자신감을 키워라.

네 번째, 모든 일에 감사하는 마음을 가져라. 감사하는 마음이 곧 긍정적인 삶의 모든 것이기 때문이다.

긍정적인 삶을 살려는 방법을 알게 된 뒤로 나는 그 방법을 열심히 실천하기 시작했다. 매일 하루를 명상과 아침 일기, 긍정 확언으로 시작했고 모든 순간에 감사하는 마음을 가졌다. 그러자 내면에 변화가 생기기 시작한 것이다.

나는 명상을 시작하며 마음의 평안을 얻었다. 아무리 스트레스 받는 일이 있어도 명상을 통해 스트레스를 다스리고 '감정은 내가 아니다.'라는 말처럼 감정을 분리하며 바라보는 사람이 되었다.

그리고 매일 쓰는 아침 일기의 효과 또한 너무 놀라웠다. 기록을 좋아하던 나는 원래 저녁 일기를 쓰던 사람이었다. 고된 하루를 마치고 돌아와 일기를 쓸 때면 '이래서 힘들었고 저래서 지쳤다.' 이런 말들을 자주 쓰며 일기장에 부정 섞인 말들을 자주 했는데 아침에 쓰는 일기로 바꾸고 나니 아침부터 부정적 소리를 적는 것이 싫어졌다. 그래서 나는 전날 기분 안 좋았던 일들도 아침에 일기를 쓰게 될 때면 '어제 기분 나쁜 일이 있었는데도 무사히 잘 지나가서 오늘 아침을 맞을 수 있어서 감사합니다.'라고 이야기할 줄 아는 사람이 되었다.

그리고 내가 제일 좋아했던 방법은 바로 긍정 확언이었다. 아침에 일어나 나의 멘토들이 하는 긍정 확언으로 하루를 시작했다.

'나는 할 수 있다. 나는 지금 내게 주어진 것만으로도 내 인생을 최고로 만들 수 있는 지혜가 있다. 나는 긍정의 왕이다. 나는 행복한 사람이다.'

이렇게 나 자신에게 들리게 큰 소리로 긍정 확언을 했다. 이렇게 말하고 나면 나는 정말 신기하게도 기분이 좋아졌다. 그리고 무엇보다 나도 할 수 있다고 말해주는 따뜻한 말들을 들을 때마다 큰 용기가 났다.

나는 살아가면서 누군가에게 들어보지 못했던 따뜻한 말들과 희망 메시지가 가득 담겨 있는 멋진 말들을 보고 읽을 때면 참으로 두근거리고 기운이 났다. 매일 긍정 확언을 할수록 하루가 긍정적으로 변하기 시작했다. 그리고 긍정적인 마음가짐으로 하루를 시작했다. 아침에 일어나 하는 긍정 확언은 삶을 긍정적인 삶으로 살 수 있게 바꾸어주었다.

그리고 마지막 방법은 모든 일에 감사하는 마음이다. 나는 앞의 3가지의 방법을 실천함을 통해 긍정적인 삶을 사는 법을 배웠다. 그리고 삶이 정말 긍정적으로 변하기 시작했다. 모든 일에 감사할 줄 아는 사람이 되었다.

처음에는 무엇을 감사해야 할지 알 수 없어서 감사하기가 참으로 어려웠지만, 지금의 나는 누구보다 감사하기를 잘하는 사람이 되었다. 지금 와서 생각해보면 감사하는 마음은 그리 어려운 것이 아니다. 그냥 삶에서 만나는 모든 순간에 감사하는 것이다. 그것이 사소한 것이라도 좋으니 말이다.

책 속에서 만난 멘토들이 긍정적인 삶을 살기 위해 도움을 주는 방법을 알게 된 후로 나는 정말 긍정적인 사람이 되었다. 긍정적인 사람이 되자 삶이 행복해지기 시작했다. 삶의 행복을 느끼며 살아가는 순간은 정말 내 인생의 잊지 못할 감사한 순간이다.

지금도 나는 행복하게 살아가고 있다. 매 순간 감사하며 말이다. 결국, 감사하는 마음은 행복과 긍정적인 태도, 모든 것과 연결된 소중한 마음이다. 감사하는 일을 찾고 그 일이 감사하다고 느끼는 것, 그것이 우리의 소중한 삶의 시작인 것이다.

우리는 앞서 성공한 사람들이 긍정적인 삶을 살 수 있게 도와주는 구체적 방법들을 배웠다. 이처럼 나는 책을 통해 행동으로 실천하며 매일 감사와 긍정적인 삶으로 가득 채우며 살아가고 있다. 이 모든 것은 나의 인생을 행복하게 만들어주었다. 나의 인생을 긍정적으로 가득 채워서 행복과 감사를 느끼며 살 수 있게 해준 독서에 오늘도 나는 큰 감사를 표한다.

— 2장 —

책을 읽자 삶이 달라지기 시작했다

— 01 —

책을 읽자
삶이 달라지기 시작했다

> 책은 무엇인가?
> 나의 벗, 나의 사랑, 나의 교회, 나의 주막, 나의 유일한 재산이요,
> 나의 정원, 그렇다, 나의 꽃이요, 벌이요, 비둘기다.
> 또한 나의 유일한 의사요, 유일한 건강이다.
>
> **- R. L. 겔리엔 -**

행복이 삶의 우선순위가 되다

책은 나의 삶의 생명을 불어넣어주었다. 나는 책을 통하여 새 삶을 살아가고 있다. 그 정도로 책은 나의 인생의 모든 것을 담고 있다.

책의 힘은 말로 표현할 수 없을 만큼 엄청나다. 세계적으로 성공한 이들도 모두 독서광이다. 또한, 자신의 힘으로 큰 성공을 거둔 사람 중 책을 읽어서 인생을 변화시키고 멋지게 인생을 역전시킨 사람들이 세상에 넘쳐난다. 이처

럼 책은 한 사람의 인생을 바꿔주기도 하고 평범한 사람을 특별한 사람으로 바꿔주는 엄청난 마력을 지녔다. 이 힘은 그 누구도 범접할 수 없을 것이다.

책을 즐겨 있는 사람 중 자신의 중심이 안 잡힌 사람은 거의 없다. 독서를 통해 자연스럽게 생각하는 힘도 자라는 것이다. 중심이 잡혔다는 것은 강하다는 말이다. 다른 사람이 정해놓은 기준에 흔들리지 않는다는 말이다. 타인의 정해놓은 기준에 흔들린다는 것은 정말 힘든 일이 아닐 수 없다.

다른 사람들의 시선과 판단하는 말에 흔들려 한 번뿐인 나의 인생에서 삶을 주도하지 못하고 끌려가는 삶을 살아가는 사람들이 많다. 과거의 나도 그랬다. 나의 존재를 부정하는 삶을 살았던 나는 타인이 말하는 모든 것에 온 신경을 맞추었다. 내가 하고 싶은 것, 입고 싶은 것, 모든 것에서 타인의 눈치를 보며 살았다. 그래서 내가 무엇을 원하는지 생각을 해본 적이 없었다. 그저 '눈에 튀는 행동하면 안 돼. 그리고 사람들에게 피해를 주면 안 돼.' 이렇게 생각하며 나 자신에게 많은 제약을 스스로 부여했던 기억들로 가득하다.

그 기억들로 인해 한 가지 배운 점이 있다면 타인의 시선과 기준에 맞춰 내 삶을 살아간다고 해서 그들의 나를 인정해주지 않는다는 점이다. 그리고 내가 선택한 대로 사는 것이 아니기 때문에 모든 인생 속에 후회는 더 크게 다가올 수밖에 없다는 점이다.

그리고 제일 중요한 점은 이런 삶은 행복하지 않은 삶이라는 것이다. 더는 무슨 말이 필요하겠는가? 사람은 행복해야 한다. 정말로 그래야만 한다. 삶을 살아간다는 건 행복하기 위해 살아가는 것이다. 나의 행복을 위해서는 절대 타협하지 않는 삶을 살았으면 좋겠다. 그것이 인생이다. 이 사실만큼 소중한 것들이 어디에 있겠는가?

내가 나의 행복이라는 가치를 인생의 우선순위로 생각하게 된 계기가 있다. 꾸준한 독서를 하면서 배운 생각들이 자연스럽게 머릿속에 박힌 가치관이 되었다. 나는 책을 읽으며 그 안의 많은 지혜를 머릿속에 새겼다. 느낀 점이 있다면 우리가 인생을 살아가는 이유는 바로 행복이란 가치를 느끼며 살기 위해서라는 것이다. 사랑하더라도 행복하지 않으면 안 되고 성공하더라도 행복하지 않으면 아무 소용이 없다.

이처럼 행복이란 가치는 포기하고 살 수 없는 아주 중요한 가치이다. 이 행복이라는 가치를 현대사회에서 중요시하는 사회적 분위기로 바뀐 것도 사실 얼마 되지 않았다.

'소확행'이라는 단어를 봐도 그렇다. 원래는 '소확행'이라는 단어는 없었다. 그런데 사회가 물질적인 기준보다도 나의 행복의 가치를 더 중요하게 여기는 분위기로 바뀌어가며 생긴 신조어이다. '소확행'의 뜻은 '소소하지만 확실한 행복'이라는 뜻이다. 이처럼 확실한 행복은 인생에 참 중요한 부분이다.

그리고 '욜로족'이라는 말도 있다. 욜로란 현재 자신의 행복을 가장 중요시하고 소비하는 태도의 뜻이다. 이 단어도 최근 사회의 들어오면서 생긴 단어이다. 이처럼 그 무엇보다도 행복을 최우선에 둔 사람들이 늘고 있다는 말이다.

그래서 요즘 시대적인 분위기는 돈을 많이 주고 개인 여가 생활을 보내는 시간이 적은 회사보다 돈을 적게 주더라도 나만의 시간을 많이 가질 수 있는 회사가 더 인기다. 사회가 내면의 가치를 더 많이 신경 쓰고 있는 분위기로 변해가는 중이다. 사회적 분위기를 바꿀 정도로 행복이라는 가치는 엄청나게 중요하다.

행복한 삶을 살아가기 위해 우리는 노력해야 한다. 행복이라는 삶도 노력을 하면 만들어갈 수 있다. 나도 노력으로 행복한 삶을 사는 사람이기 때문이다.

행복을 노력으로 만들 수 있다는 것에 의문을 가질 수도 있을 것이다. 나는 그 의문에 이렇게 이야기해주고 싶다. 사실 당신은 행복한 사람이다. 당신이 당신 자신을 행복하지 않다고 생각하기 때문에 행복하지 않은 것이다. 사람은 생각하는 만큼 행복해진다. 이 사실을 인지할 수만 있다면 당신의 인생은 행복해질 것이다.

인생의 시행착오를 줄여주는 독서

당신은 행복하기 위해 태어난 사람이다. 당신이 행복해야 나의 인생을 더 소중히 여기고 멋지게 계획해서 살아갈 수 있다. 그러니 당신은 당신의 행복을 찾기 위해 노력해야 한다.

나는 나의 행복을 찾기 위한 노력을 독서로 했다. 독서는 내 인생의 모든 것이라고 말해도 과언이 아니다. 독서를 하면서 사색을 하고 사색을 통한 깨달음은 나에게 큰 행복감을 준다. 그리고 나는 이 세상에 훌륭한 사람들이 쓴 책을 읽으며 그 사람들의 이야기를 듣고 있다는 사실만으로도 엄청난 행복이라고 생각한다. 그 사람들이 나에게 선물하는 지식과 지혜들은 그 어디에도 비교할 수 없을 만큼 값지다.

나는 소중한 생각들을 매일 배운다. 실로 축복받은 삶이 아닐 수 없다. 그래서 나는 시간이 갈수록 행복한 사람이 될 수밖에 없다. 그리고 나는 계속해서 성장한다. 또 지혜롭고 강인한 사람이 되어가고 있다.

이렇게 당당하게 이야기할 수 있는 이유는 바로 독서를 통해서 내 삶을 행복하게 만들었고 책을 읽을수록 내가 성장하고 있음을 나 스스로 깨달았기 때문이다.

이처럼 독서는 누군가의 인생의 모든 부분을 바꿔줄 정도로 엄청나다. 나는 그 점을 누구보다 절실히 느끼는 사람으로서 삶이 달라지고 싶다는 마음이 차 있을 때 무엇을 해야 할지 모르겠다면 지금 당장 독서를 하라고 강력하게 추천하고 싶다. 나는 정말 결점투성이인 사람이었기 때문이다.

책을 많이 읽을수록 고민이 사라진다. 이 세상 고민 중 책이 다루지 않은 고민은 없기 때문이다. 문제뿐만이 아닌 이 세상의 안 담은 꿈도 없다. 모든 것이 담겨 있다. 우리가 살아가면서 보고 느끼고 경험하는 모든 것이 책 속에 담겨 있다. 우리는 그래서 더욱 책을 읽어야 한다. 책을 통해 우리는 인생의 시행착오를 줄일 수 있다.

예를 들어 워킹 홀리데이를 계획하고 있는 대학생 친구가 있다고 하자. 가고 싶다는 마음으로 워킹 홀리데이에 대해 계획하고 준비해야 할 것이다. 그러나 워킹 홀리데이에 가면 무엇이 좋은지, 무엇을 알고 가야 하는지, 혹은 주의할 점은 무엇인지 미리 경험할 수 없다. 이럴 때 워킹 홀리데이를 다녀온 사람들의 경험담을 적힌 책을 읽으면 된다. 그러면 워킹 홀리데이를 미리 다녀온 사람들의 경험을 통해 체험하고 내 생각이 맞는지, 내가 잘 준비하고 있는지 알 수 있다.

내가 모든 것을 직접 경험해야 느끼고 배울 수 있는 점들을 바로 책 한 권을 통해서 미리 느낄 수 있다는 것은 엄청난 장점이기 때문에 우리는 책을 읽어야 한다. 책을 읽을수록 삶은 더 단단해지고 성장하기 때문이다. 그래서 독서를 통해 인생을 좀 더 행복하게 사는 법을 찾기를 추천한다.

나는 책을 즐겨 읽는 사람으로서 책을 통해 인생을 배웠고 꿈이 생겼고 인생이 행복해졌다. 내가 책을 읽어서 인생이 달라진 것처럼 모두가 책을 통해 사랑을 받고 꿈을 배우고 행복을 느끼며 살아갔으면 좋겠다.

내가 가장 힘들었던 시절에 지푸라기 잡는 심정으로 한 권의 책을 찾아 읽었는데 그 책이 지금의 나를 만들었던 것 같다고 항상 생각한다. 그래서 나는 단 한 권의 책을 읽더라도 삶이 변화할 수 있다고 믿는다. 지금의 나는 책을 사랑하는 삶을 살고 있다. 책을 읽은 뒤로 나의 인생 모든 부분이 행복해졌기 때문이다.

나는 인생의 가장 큰 축복 중에 하나가 책을 읽는 사람이 된 것이라 여기며 감사하며 살고 있다. 그리고 나는 현재를 살아갈 수 있다는 것에 감사하다. 앞으로 만나게 될 책들을 통해 더 멋지게 달라지고 성장할 미래의 내 삶에도 고맙고 감사하다.

— 02 —

평범한 사람이 독서를 해야 하는 이유

> 이 세상에 위대한 사람은 없다.
> 단지 평범한 사람들이 일어나 맞서는 위대한 도전이 있을 뿐이다.
> **- 윌리엄 프레데릭 홀시 -**

포기하고 싶었던 순간에도 지키고 싶었던 나의 가족

나는 독서가 삶을 바꿀 수 있는 최고의 선택 중 하나라고 생각한다. 사람은 모두 특별한 삶을 꿈꾼다. 하지만 특별한 삶을 원하면 원할수록 현실이 크게 다가와 눈앞의 이상들을 무너뜨리기 마련이다. 이 현실이라는 벽은 우리가 생각하는 것보다 훨씬 크게 느껴진다. 이는 많은 사람이 꿈을 이루지 못하고 꾸기만 하게 되는 이유 중 하나라고 생각한다. 이러한 현실에 참으로 안타까운 마음이 든다.

나도 원래 현실주의자였다. 현실적으로 삶을 바라보는 것은 분명 중요하다고 생각한다. 그렇지만 나 같은 평범한 사람에게는 현실주의가 득이 되기보다 실이 되는 경우가 많았다. 모든 일에 현실이라는 제약을 두었기 때문이다. 그래서 나의 인생은 재미가 없었다. 돈을 버는 이유도 먹고살기 위해서라고 생각했다.

매일 반복되는 현실에 나의 인생은 평생 이렇게 의미 없이 살다가 죽을 것 같다는 생각을 한 적도 있었다. 그런데도 나의 마음속에는 한번 사는 인생을 이렇게 살고 싶지 않다는 생각을 항상 했다. 이왕 사는 인생 멋지게 살고 싶다는 생각을 했기 때문이다. 그래야 부모님께도 더 많이 효도할 수 있다고 생각했다.

가난하다는 것은 참으로 힘든 환경이다. 우리 집은 경제적으로 상당히 어려웠다. 그래서 나는 가난이라는 것이 얼마나 아프고 힘든 일이라는 것을 잘 안다. 그리고 그 현실은 정말 많은 것들을 무너지게 한다. 나는 그래서 현실을 직시하면서도 꼭 성공하겠다는 야망으로 가득 차 있었다.

어려운 환경 속에서도 나를 포기하지 않고 사랑으로 키워주고 지켜주신 부모님께 꼭 자랑스러운 딸이 되고 싶었다. 그래서 더는 부모님이 경제적인 부분에서 힘들지 않게 내가 부모님을 사랑으로 지켜주는 것이 나의 삶의 소명 의식 중 하나이다. 이것이 내가 마음이 아프고 도망치고 싶었던 시절에도 돈만 벌면서 돈에 집착하며 살게 되었던 이유이다.

삶의 의미를 포기하고 돈에만 가치를 맞추고 살다가 깨달은 것이 있었다. 돈은 내가 악쓴다고 벌리는 것이 아니고 내가 버티고 지킨다고 잘 모이는 것도 아니라는 사실이다.

나는 돈의 진정한 가치를 이해하지 못한 채 살았다. 그리고 나의 삶을 힘들게 했던 돈에 대해 부정적인 감정으로 마주하며 대했고 결국 그 돈들은 다 나를 외면하게 되었다. 내가 악착같이 돈을 벌어도 우리 집의 환경이 나아지질 않았다.

그 뒤로 나는 인생에 대해서 다시 배우게 되었다. 내가 악쓴다고 해서 달라지는 것이 아니라 좀 더 이성적이고 냉철한 마음가짐을 갖고 다시 인생을 점검해야 할 때라고 느끼게 해주었던 계기가 되었다.

그리고 무엇보다 크게 잘못 생각하고 있었던 부분이 있었다. 그것은 바로 내가 돈을 많이 버는 것이 부모님께 최고의 효도라고 생각했던 것이다. 내가 외적으로나 내적으로나 매우 아픈 사람이었기에 나는 부모님께 지금 내가 할 수 있는 일이 돈을 버는 일 뿐이라고 생각했다. 아주 큰 착각이었다. 지금 생각하면 그때 왜 그렇게 바보같이 살았는지 이해가 안 되는 부분도 많지만, 때로는 그때의 내가 안쓰럽고 잘 버텨준 것에 대견하고 삶을 살아줘서 감사하다.

나는 그때 주변 사람들한테 짠순이라는 이야기를 듣고 살기도 했다. 나는 그 시절 돈을 모으는 데 급급했다. 그냥 돈을 최대한 많이 모아서 부모님 편하게 해드리고 남은 삶은 미련이 없으니 정리해야겠다는 생각뿐이었다. 엄청나게 철없는 소리로 들릴 수도 있겠지만, 다시 지금의 내가 생각해보면 너무 철이 들어 하는 생각일수도 있다고 생각한다. 그 정도로 나의 인생 전부는 나의 가족이었다. 내가 이 세상에 혼자 남겨졌다고 느껴져 삶을 포기하고 싶었던 순간에 가족은 나를 사랑으로 지켜냈다.

나는 기필코 행복해지고 성공할 거야

인생을 다시 점검해야 할 필요성을 절실히 느낀 나는 모든 것을 돌아보기 시작했다. 그렇게 다시 돌아본 인생은 참 슬퍼서 눈물이 났던 기억이 난다. 그냥 나 자신이 처음으로 불쌍하다고 느껴졌다. 나를 싫어하고 미워하면서 인생을 살았는데 나 자신이 처음으로 가엾다고 느껴졌다.

그런데 그 순간 우연인지 운명인지 모르겠지만, 엄마가 집에 오셨다. 그리고 혼자 울고 있는 나를 보자마자 안아주시며 이렇게 나를 위로해주셨다.

“엄마는 지영이를 너무너무 사랑해. 엄마는 지영이가 행복했으면 좋겠어. 엄마 딸로 태어나줘서 고마워.”

나는 그때 엄청난 사실을 깨닫게 되었다. 내가 정말 사랑하는 부모님을 위해서 할 수 있는 일이 돈 버는 것뿐이 아니라는 것이다. 그리고 생각했다. ‘우리 부모님은 내가 행복하지 않으면 행복하지 않는구나.’라는 사실을 처음으로 느끼게 되었다. 나는 그때 나를 따뜻하게 안아주시던 엄마의 품과 나에게 우시며 사랑을 속삭여 주시던 엄마의 목소리를 잊을 수 없다. 나의 전부, 나의 사랑인 엄마가 나를 만들고 지켜내셨다.

그 뒤로 삶을 행복하게 살면서 부모님께 효도하는 것이 나의 꿈으로 자리 잡게 되었다. 그리고 이왕 행복하게 사는 거 크게 성공하고 싶었다.

나에게는 한 가지 궁금증이 있었다. ‘TV 속에 나오는 저 유명한 사람들은 대체 어떻게 하면 저렇게 성공할 수 있는 걸까?’라는 생각이었다. 처음에는 그냥 나와 다른 세상 사람들이라고만 생각했는데 성공한 사람들의 행복한 삶을 보면서 나도 점점 그들과 같은 사람이 되고 싶어졌다. 그래서 나는 그들을 찾아보기 시작했다. 그들에 대해서 너무나 알고 싶었기 때문이다.

그들의 인터뷰 내용 기사 그들의 관련 책을 찾아보기 시작하면서 알게 된 사실이 있다. 그들 모두 평범한 사람들이었다는 점이다. 나는 그 사실에 매우 충격을 받았다. 성공한 이들 중에는 평범하다는 건 꿈도 못 꾸는 지독한 바닥의 현실에서 우뚝 세상에 선 이들도 많았다. 그리고 성공한 사람들 대부분이 성공 비결로 독서를 꼽았다. 나는 그 사실에 주목했고 나의 인생의 구원은 책이라는 생각을 하게 되었다.

성공한 사람들을 보면 원래부터 타고난 사람들이라고 생각하는 사람들이 많은데 사실상 처음부터 타고나거나 시작부터 성공 가도를 달리는 사람은 드물다. 오히려 누구보다 평범했거나 더한 바닥에서 정상으로 올라간 사람들이 더 많다.

그리고 그들은 누구보다 치열하게 노력했다. 모든 면에서 말이다. 그들 중 열정이 없는 사람들은 단 한 명도 없었다. 모두 마인드가 정말 대단한 사람들이다. 긍정적인 부분에도 정말 최고의 컨디션을 자랑했다. 그런 행복하고 긍정적인 삶을 유지할 수 있던 이유는 그들은 부정이라는 감정이 인생에 얼마나 도움이 되지 않는지를 그 누구보다 잘 알고 있는 사람들이기 때문이다. 그래서 그들은 강압적이라도 노력해서 항상 긍정적이려고 최선을 다한다.

나는 그 말을 듣고 정말 놀라며 감탄했던 기억이 난다. 긍정적이기 위해 최선을 다해 노력한다는 말이 매우 멋있어서 크게 와닿았다. 좋은 일과 행복한 일이 마냥 일어나기를 기다리면서 내가 긍정적인 사람이 되기를 바라는 것은 나의 잘못된 생각이었다. 그때가 오기를 기다리면 너무 늦다. '내가 나중에는 행복해졌으면 좋겠어.'라는 안일한 생각은 오랜 기다림을 만드는 것뿐이다. 그래서 지금 당장부터 생각을 바꾸는 것이 중요하다. 그 생각의 전환으로 모든 인생이 변하기 때문이다. 지금 살아가며 느끼는 모든 순간이 행복이고 감사해야 하는 것을 느끼고 배워야 한다.

성공한 이들의 이런 대단한 마인드는 모두 독서에서 시작되었다고 한다. 이런 멋진 삶의 태도와 가치관을 형성시키고 배우게 해준 것은 바로 독서다. 독서는 삶을 바꾸는 엄청난 힘을 지니고 있다. 그리고 성공한 이들은 이 사실을 그 누구보다 잘 안다. 그렇기에 이들은 독서를 치열하게 한다. 그리고 독서를 삶 일부로 승화시켜서 한 몸인 것처럼 생활한다.

그들의 공통점은 이미 성공한 사람들이며 행복하고 감사한 삶을 실천하며 풍요를 누리고 살고 있다는 것이다. 그리고 그들은 모두 책을 사랑하는 독서광이며 현실보다 이상을 중요시하는 이상주의자들이다. 나는 그들을 믿고 의지하기에 과거의 현실주의자에서 이상주의자가 되어야겠다고 다짐했다. 독서를 통해 나는 완벽한 이상주의자가 되었다. 그리고 가슴속에 큰 뜻과 꿈을 품은 사람이 되었다.

마지막으로, 그들도 성공하기 이전에 모두 평범한 사람들이었다. 그래서 나는 평범한 사람들이 성공하고 싶다면 모두 독서를 시작해야 한다고 말하고 싶다.

— 03 —

약점을
강점으로 만들어준 독서

> 누구나 약점은 있다.
> 위대한 사람은 자신의 장점을 부각하고 약점을 줄이지만
> 실패한 사람들은 종종 약점 때문에 인생을 망친다.
>
> **- 스티븐 제이 굴드 -**

바닥에서 잃을 것이 없는 사람은 강하다

당신은 자신에 대해 얼마나 알고 있는가? 당신이 무엇을 잘하는지 무엇이 나의 강점인지 혹은 나는 무엇을 할 때 두려움을 느끼고 또한 무엇이 나의 약점인지 아는가? 묻고 싶다.

과거의 나는 모든 것이 약점투성이었다. 삶의 의미를 모르고 방황하는 상처 많은 사람이 바로 나였다. 그래서 나는 이 자리에서 고백할 수 있다. 나는

그 누구보다도 나약했고 그 누구보다도 불완전했으며 그 누구보다도 결점투성이었다. 지금 나는 약점이 많은 결점투성이가 아니라 강인하고 빛이 나는 사람으로 살고 있으므로 당당히 고백할 수 있다.

이 이야기를 꺼내기 전에 해주고 싶은 말이 있다. 내일이 오지 않기를 바라며 살던 내가 현재를 그리고 미래를 꿈꾸며 가슴 뛰는 삶을 살고 있다. 그리고 나는 더는 약점을 피하지 않고 강점으로 만드는 것을 즐기며 사는 사람이 되었다. 그랬던 나도 해냈으니 당신도 답답한 무엇이 있다면 충분히 변할 수 있다고 미리 말해주고 싶다.

앞에서 말했듯 과거의 나는 약점투성이었다. 나에 대한 삶의 이유도 모르고 타인이 정해준 틀 안에 나를 가둬 놓고 나를 학대하며 살기 바빴던 사람이다. 그러니 당연히 삶의 균형은 무너질 수밖에 없었고 중심을 잡을 생각조차 하지 못했다.

과거에 나는 외면과 내면이 매우 아픈 사람이었다. 우울증과 대인기피증을 겪으면서 사람이 살아가면서 꼭 필요한 내면의 자아존중감이란 것이 없는 사람이었다. 세상에서 쓸모없는 존재라고 나를 생각했으며 자기비판적 사고에 빠져 헤어 나오지 못했다.

그리고 먹을 것으로 스트레스를 풀던 나는 나 자신을 미워했으며 폭식으로 나 자신을 학대하며 화풀이를 반복했다. 그 결과 나는 최대 몸무게가 106kg까지 나가는 초고도 비만이 되었다. 당연히 건강은 바닥이었다. 그 당시에 나는 살이 너무 많이 쪄서 숨쉬기도 힘들었다. 그리고 조금만 활동해도 힘들어서 심장이 아프다는 표현을 자주 했다.

걷기도 힘들어하던 나는 말 그대로 사회적인 모든 부분에서 제약을 받았다. 삶을 지탱하는 체력이 바닥이니 몸이 안좋을 수밖에 없었고 건강은 계속 나빠졌다. 그리고 살이 찌면 찔수록 나는 점점 더 자존감이 계속 낮아지게 되었다. 지긋지긋한 악순환의 반복인 것이다.

악순환이 계속 반복되다 보면 사람은 이런 생각의 결론에 도달한다. 삶의 기대가 없어진다. 그러면 화도 없어진다. 기대가 없기에 인생을 쉽게 생각해 버린다. 너무나 살기 어려워서 힘들어했던 인생인데 너무 힘이 들다 보니까 이제 기대할 힘까지 없어서 모든 것을 포기해버리는 상태가 된 것이다. 그리고 이제는 삶을 포기하면 된다는 쉬운 결론이 난다.

항상 나는 지금의 내 인생은 망가졌다고 생각했다. 그 시절 나는 너무 힘들었고 누구보다 부정적이었던 사람이었기에 희망은 없다고 생각했다. 희망이 없어지고 나니 도망치고 싶다는 생각도 더는 들지 않았다. 도망치는 것을 포함한 모든 삶이 다 귀찮고 무기력하게만 느껴졌기 때문이다.

희망도 없고 꿈과 미래도 없는 사람에게 기적이 찾아오면 무슨 일이 생기는 줄 아는가? 살고 싶어진다. 그것도 미치도록 잘 살고 싶어진다. 내가 그동안 포기하며 삶을 살았던 것들, 그리고 내가 못 누렸던 그 모든 것까지 다시 다 되찾고서 잘 살고 싶어진다.

그래서 나는 앞서 다룬 나의 경험들을 통해 내 인생의 기적인 독서를 만났고 미치도록 살고 싶어졌다. 아무것도 없는 바닥이었던 내게 찾아온 기적, 나는 그 하나의 기적에 나의 인생 모든 것을 걸었다. 인생을 걸면 못해낼 일이란 없다고 나는 생각한다.

아무것도 없는 사람이고 약점만 많던 사람이었기에 더는 물러날 길도 없고 떨어질 바닥도 없다고 생각했다. 말 그대로 나는 잃을 것이 없는 사람이었다. 잃을 것이 없는 사람이란 말은 다시 생각해보면 엄청나게 강한 사람이다.

나와 비슷한 사정의 바닥을 걷고 있는 사람이 나의 책을 읽고 있다면 나는 말해주고 싶다. 삶이 바닥뿐인 약점투성이보다 강한 사람은 없다는 것을 말이다. 모든 것을 누리지 못하고 가져본 것도 없기에 그리고 무엇보다 잃을 것이 없다. 이제는 인생을 강점으로 채우고 인생이 우리에게 주는 아름다운 것들을 받으면서 삶을 멋지게 채워가는 일만 남은 사람이라는 것을 말이다.

당신에게 분명히 말해 주고 싶은 사실이 있다면 당신은 강하다는 것이다. 당신은 당신이 생각하는 것보다 훨씬 강한 사람이다. 그러니 기죽지 마라. 당신보다 소중한 사람은 이 세상에 존재하지 않는다. 당신이 존재하기에 이 세상이 존재하는 것이다.

내가 강한 사람이라는 사실을 깨달은 뒤에 찾아온 변화

나는 그때 잃을 것이 없기에 내가 강한 사람이라는 것을 깨달았다. 그리고 나는 나의 인생을 누구보다 간절히 살고 싶었던 사람이기에 피나는 노력으로 인생을 개척하고 개선하기 시작했다. 나는 그래서 나에게 삶의 이유를 만들어준 기적 같은 책을 최선을 다해 치열하게 읽었다. 내 삶을 바꿀 수 있는 유일한 길이라고 믿었기 때문에 간절한 마음으로 독하게 책을 읽었다.

책을 읽기 시작하면서 나는 부족하고 모자라는 부분을 채울 수 있는 책들을 골라 읽기 시작했다. 자존감이 부족한 나인 걸 알기에 자존감을 채워주는 책을 읽었다. 그런데 참 신기하게도 책을 읽는 것만으로도 자존감이 높아지고 위로받는다는 걸 느낀다.

인간관계에서 힘들었던 부분도 인간관계를 다루는 책을 통해 배우게 되었다. 쉽게 다이어트 하는 방법들을 찾아 읽었고 다양한 다이어트 방법을 통해 많은 체중 감량에도 성공했다. 그리고 나를 단단하게 키워주는 자기계발서들을 통해 나의 인생을 멋지게 개조했다. 나의 마인드, 가치관, 모든 것을 말이다.

말 그대로 나는 새사람이 되어가고 있었다. 나의 인생을 개척한 것이다. 나는 꾸준한 노력으로 모든 약점을 내 강점으로 승화시켰다.

과거의 나는 약점들에 대해 강한 스트레스를 많이 받던 사람이었는데, 책에서 스트레스는 인간이 성장하는 데 제일 필요한 것 중 하나라는 말을 듣고 생각이 바뀌었다. 그리고 사람은 스트레스를 받아야 임계점을 뛰어넘어 자신의 한계를 성장시킬 수 있다. 나는 이 사실을 알게 된 이후로 스트레스도 즐기는 사람이 되었다. 스트레스를 받으면 나는 항상 나 자신에게 이렇게 이야기를 한다.

'내가 지금 스트레스를 해결하면 또 성장하겠다. 매우 좋은걸.'

나는 이렇게 생각하는 사람으로 변화했다. 이렇게 생각해도 계속 스트레스를 받는다면 나는 한 번 더 이렇게 이야기하며 긍정적으로 생각하게 된다.

'이번에는 자꾸 도전해도 해결이 안 돼서 너무 지치고 스트레스 받는다. 그럼에도 이 일을 해결하면 나는 엄청나게 성장해 있겠다. 힘을 내자.'

무엇보다 이렇게 생각해도 불안하지 않은 이유가 있다. 항상 모든 것은 자연스럽게 시간이 지나면 해결된다는 사실을 잘 알고 있기 때문이다. 이 사실을 항상 인지하고 있다면 모든 일에서 받는 스트레스도 줄어들고 스트레스를 다스릴 줄 아는 사람이 된다.

내 약점을 강점으로 변화시킨 것이 내 인생에 정말 많다. 앞에서도 말했듯이 나는 모든 부분이 약점투성이었다. 하지만 지금은 독서로 인생을 180도 멋지게 변화시켰고 많은 부분을 나의 강점으로 만들었다.

과거의 내가 힘들었을 때의 모습을 마지막으로 본 뒤 불과 1년이라는 시간이 안 돼서 다시 만났을 때 나를 못 알아보는 지인들도 많았다. 그 정도로 나는 삶이 멋지게 변화하였다.

내가 강점으로 만든 것 중에 제일 좋아하는 부분은 바로 부정적인 사람에서 긍정적인 사람으로 바뀐 것이다. 독서를 통해 내가 얼마나 소중한 사람인지, 그리고 이 세상이 얼마나 아름다운지를 배웠기 때문이다.

나는 삶이 참으로 감사하고 긍정적으로 변한 내가 너무 자랑스럽다. 그리고 나의 약점을 나의 강점으로 만들어준 독서에 감사의 마음과 사랑을 보내는 바이다.

— 04 —

내 인생 최고의 멘토, 독서

> 좋은 책을 읽는 것은 과거의 몇 세기의
> 가장 훌륭한 사람들과 이야기를 나누는 것과 같다.
>
> **- 데카르트 -**

독서라는 영원한 내 편이 생기다

독서를 멘토로 삼으면 어떤 일이 벌어지는지 아는가? 세상 모든 사람에게 존경받는 성공한 이들이 나의 스승이 되는 것이다. 이 말은 이 세상의 모든 지혜가 담긴 책을 나의 멘토로 지정하는 순간 바로 나에게 엄청난 인생의 지원군이 생긴다는 것이다. 그런데 이 지원군은 평생 나를 지켜준다. 나를 두고 도망갈 일이 없기 때문이다. 평생 내 편이 생기는 것이다. 평생 내 편이라니 생각만 해도 엄청나다. 그리고 평생 함께할 존재가 있다는 것만으로도 인생이 풍족하고 감사한 인생으로 살아갈 수 있다.

독서는 내 인생에 없어서는 안 되는 최고의 길잡이이자 사랑하는 영원한 나의 멘토다. 나는 책을 나의 멘토로 삼은 일이 살면서 제일 잘한 일이라고 생각하고 있다. 책은 나의 인생을 행복하게 만들어주었고 외로움에 눈물짓던 나를 따뜻하게 안아준 존재이다. 나는 책을 만나 더는 외롭지 않게 되었고 그 책들은 인생을 어떻게 살아야 하는지 다시 가르쳐준 고마운 존재들이다. 나는 책을 만나서 참으로 감사하고, 책을 만난 나는 행복한 사람이다. 그리고 그 책들이 나의 멘토로 나의 인생을 지탱해주고 멋지게 나를 이끌어주는 것에 대해 감사하는 마음으로 살아가고 있다.

독서는 정말 내 인생의 최고의 멘토이다. 독서를 만난 뒤로 삶의 걱정이 줄어들었다. 언제나 나의 곁을 든든히 지지해주고 항상 응원해주는 나의 멘토, 바로 독서가 있어서 두려움이 줄어들었다. 그리고 무엇이든 새로운 도전에 앞서 책은 나에게 할 수 있다고 힘을 준다. 그래서 나는 매일 독서로 용기를 충전한다. 그리고 나는 독서를 만나 지친 하루에도 위안을 받는다. 독서를 통해 나의 마음을 들여다보고, 책이 말해주는 위로의 말들로 지쳐 있던 나의 마음을 어루만진다.

독서를 만난 것은 내 인생의 큰 행운이다. 내가 독서를 만나지 못했다면 지금처럼 행복한 삶을 살기 힘들었을 것이다. 이렇게 대단한 독서를 나의 멘토로 삼은 것은 정말 내 인생의 신의 한 수였다.

나뿐만 아니라 이 세상 성공한 사람들 중 나처럼 독서를 멘토로 삼는 사람이 많다. 그들은 모두 독서를 통해 삶을 변화시키고 성장하여 지금의 성공을 이룬 사람들이기 때문이다. 그들은 이렇게 말한다. 독서를 만나 책을 읽은 것은 인생에서 정말 잘한 일이라고, 무엇보다 책을 통하여 어려운 고민도 쉽게 해결하는 방안도 찾고 마음의 안정을 많이 얻었다고 이야기를 한다. 나도 이 부분에 대하여 크게 공감하는 바이다.

책은 읽으면 읽을수록 매력이 넘치는 존재이다. 책이라는 존재는 사실 내 멘토이기 이전에 나의 가족이며 나의 친구이고 또한 나의 보물이다. 그 정도로 나의 인생에 없어서는 안 될 존재이며 나에게 큰 사랑을 주는 참으로 고마운 존재이다.

나는 책을 만나 인생이 참으로 행복해졌다. 독서를 하게 된 이후로 삶이 아름답다는 사실을 깨닫게 되었다. 나의 부정적인 자화상도 독서를 통해 긍정적으로 바뀌었고, 생각이 정말 어른스럽고 성숙하게 변화하였다. 세상을 아름다운 시각으로 바라보기 시작하니 살아가는 모든 것에 감사할 줄 하는 사람이 되었다. 정말 나에게는 놀라운 변화다. 이렇게 멋진 변화들이 가능한 이유는 바로 책이 나에게 준 사랑 덕분이라고 나는 생각한다.

책이 주는 큰 장점 중의 하나는 시행착오를 줄여 준다는 점이다. 나는 앞서 도전하고 싶은 일에 대한 경험을 담은 책을 읽음으로써 그것을 미리 배우고 시행착오를 줄 일 수 있다고 이야기했다. 이처럼 책에서는 안 다루는 분야가 없으므로 평소 우리가 생각하고 있었던 일들에 대해 쉽게 접근할 수 있다. 그리고 그 책을 읽고 난 뒤에 우리는 그 생각하는 일을 계획대로 진행할 수도, 아니면 취소할 수도 있다. 혹은 하려던 일을 좀 더 효율적으로 수행할 수도 있게 된다. 이처럼 책이 주는 도움은 말로 설명할 수 없을 만큼 엄청나다.

나는 그동안 치열하게 독서하면서 정말 많은 책을 접하게 되었는데 책을 읽을 때마다 세상에는 정말 어려움을 극복하고 성공한 인생을 멋지게 살아가는 사람들이 많다는 것을 깨달았다. 그리고 내가 사랑하는 책들 속에서 만난 멘토들은 정말 멋있고 강인한 존재이며 그리고 나에게 항상 용기와 위로를 준다. 나는 그들의 용기와 위로를 통해 삶을 더욱 행복하고 따뜻하게 만들며 살아갈 수 있었다.

독서로 또 다른 나 자신을 만나다

과거에 나는 외롭고 고독했다. 사춘기에 친구들의 미움을 받고 살다 보니

늘 혼자였고 많이 쓸쓸했다. 외롭고 힘들었던 그때 나에게 다가와 손을 내밀어 준 친구가 바로 독서이다. '친구는 제2의 나 자신이다.'라는 명언이 있다. 나에게는 따뜻한 친구가 독서였고 그 독서는 나의 또 다른 내가 되었다. 나는 독서가 주는 긍정적인 영향을 받고 지금의 내가 되었다.

무엇보다 독서는 나의 숨어 있던 잠재력까지 깨워주어 나를 폭발적으로 성장시켜주었다. 독서는 친구로서 항상 내 곁을 지켜주었고 때로는 선생님처럼 나를 사랑으로 성장시켜주었다.

지금까지의 강인한 내가 되기까지 많은 실패가 있었다. 나는 많은 실패를 경험하면서 많은 좌절도 맛보게 되었는데 그때마다 나를 일으켜 세운 것이 바로 독서이다.

예를 들어 과거 다이어트 경험에서도 정말 많은 감량과 요요를 반복하며 힘든 시기를 보냈던 때가 있었다. 그런 나에게 할 수 있다며 용기를 주고 일으켜 세운 것도 바로 독서였다. 그리고 인간관계에서 사람들에게 많은 오해를 받아 말 못하고 서러워서 울고 있었을 때도 괜찮다며 나를 보듬어주고 안아준 것도 바로 책이었다. 내가 원하는 이상적인 모습이 사람들이 생각하는 현실과 거리가 멀어서 모두 할 수 없다며 나를 비난하였을 때 유일하게 책만이 내가 할 수 있다고 나를 믿어주었다. 그리고 내가 나에 대한 확신을 못 해 슬

럼프에 빠진 힘들었던 순간에도 책은 나를 다시 정신 차리고 살 수 있게 지금의 나를 만들어준 존재이다.

독서는 나의 인생의 가치관, 마인드, 행동, 성격, 모든 것을 바꾸어 주었다. 내가 의도하지 않았음에도 책을 읽고 있다는 것만으로도 독서는 사람을 계속 변화시킨다. 그렇기에 나는 내가 인생을 변화시켰던 것처럼 많은 사람이 독서가 얼마나 좋은지 느꼈으면 좋겠다. 그리고 독서를 통해 많은 사람이 내가 그랬던 것처럼 좀 더 멋진 삶을 선물 받았으면 좋겠다. 그 정도로 독서는 내 인생에 너무 소중한 존재이다. 나는 독서를 만나 삶을 치유받게 되었고 행복한 삶을 살게 되었다. 독서는 나의 인생에 있어 정말 큰 축복이라고 나는 항상 생각하고 있다.

독서를 만나게 된 뒤로 나에게도 꿈이 생겼다. 그 꿈은 바로 내가 독서를 통해 나의 삶을 변화시켰던 것처럼 많은 사람에게 꿈과 희망을 전해주는 부자 메신저가 되는 것이다. 부자 메신저가 되어 이 세상에 어려운 사람들도 많이 도와주고 선한 영향력으로 많은 사랑을 베푸는 큰 사람이 되고 싶다. 그 외에도 이루고 싶은 꿈들이 내게 정말 많이 생겼다. 꿈이 생긴 뒤로 정말 매일 설레고 가슴 뛰는 삶을 살고 있다.

나는 꿈을 못 이룰까 봐 걱정하지 않는다. 일단 꿈이 생겼다는 것조차 내게는 너무나 소중한 일이기 때문이다. 그리고 나의 멘토 독서가 항상 내게 할 수 있다고 용기를 주기 때문에 내가 원하는 모습과 꿈꾸는 일들을 모두 이룰 수 있다고 나는 믿고 있다.

독서가 주는 힘은 참으로 대단하다. 무기력하고 삶을 포기하려던 나를 끝까지 믿어주고 일으켜주었다. 그리고 꿈을 꾸는 것조차 생각해보지 않았던 나를 꿈꾸게 만든 존재가 바로 독서이다.

독서가 가르쳐주는 배움과 깨달음은 정말 엄청나다. 독서를 할 때마다 항상 하는 생각이 있다. 그건 바로 하나뿐인 나의 편 바로 가족과 닮았다는 점이다. 나를 가족처럼 지켜주고 사랑을 해준다. 그리고 독서는 선생님처럼 나에게 지혜를 가르쳐준다. 독서가 내 인생의 최고의 멘토인 것이다. 가족처럼 사랑을 주고 때로는 선생님처럼 바른 길로 인도하여 배움을 주는 독서가 있어서 나는 참으로 다행이고 감사하다고 생각하고 있다.

— 05 —

부정적인 삶이 긍정적인 삶으로 바뀌었다

부정적인 생각을 긍정적인 생각으로 바꾼다면
긍정적인 결과가 나오기 시작할 것이다.

- 윌리 넬슨 -

부정의 아이콘에서 긍정의 아이콘으로 변하다

내가 독서를 만나 약점을 강점으로 바꾼 것들 중에 제일 좋았던 부분은 부정적인 내가 긍정적인 사람으로 변화한 것이다. 나는 독서를 만나 긍정적인 사람으로 다시 태어났다. 긍정적인 사람이 되어 행복한 삶을 살 수 있다는 것은 정말 큰 행복이다. 삶을 긍정적인 시각으로 바라볼 수 있게 된 뒤로 나의 삶이 정말 많이 건강해졌다. 건강한 삶은 참 좋은 것이다. 건강하다는 말은 곧 행복하다는 것이다. 이처럼 나는 독서를 통해 삶의 균형을 찾고 행복을 누리며 삶을 감사하게 살아가는 중이다.

나는 독서를 통해 삶의 변화시킨 이후에 친구들이 정말 많이 생겼다. 외로웠던 과거와 달리 지금 나의 주변에는 나를 응원해주고 나를 좋아해주는 사람들로 가득하다. 나의 인생을 돌이켜보았을 때 정말 큰 변화라고 나는 생각한다. 나를 좋아해주는 사람들이 많이 생긴 뒤로 나의 삶은 더욱 행복으로 가득 차게 되었다.

나는 독서를 시작했을 뿐인데 독서의 영향으로 바뀐 나의 삶은 모든 것이 아름답게 바뀌었다. 그리고 친구들 사이에서의 별명 또한 '긍졍이'이다. 나의 이름 '지영'을 한 글자로 합치면 '졍'이라는 말이 된다. 그래서 '긍정이'라는 단어에 '졍'을 갖다 붙여서 친구들 사이에서의 나의 별명은 '긍졍이'가 되었다.

내가 친구들 사이에서 '긍졍이'로 불리며 긍정의 아이콘이 될 수 있게 된 이유는 친구들이 나를 통해 위로와 위안을 얻고 힘을 받기 때문이다. 그래서 친구들이 나에게 고민 해결사라는 말을 정말 자주 해준다.

무엇보다 나는 나를 좋아해주는 고마운 사람들에게 많은 사랑을 나눠주고 싶다. 그래서 친구들에게 따뜻한 말과 진심이 가득한 응원을 자주 해준다. 그리고 인간관계에서 온 마음을 다한다. 이렇게 따뜻한 마음을 품고 사람을 대하다 보니 주변에 좋은 사람들이 많이 생기기 시작했다. 나는 좋아하는 사람들에게 애정표현을 정말 많이 하는 편인데 주변 사람들에게 표현을 많이 하다 보니까 자연스럽게 사랑이 많다는 소리도 자주 듣게 되었다.

내가 표현을 자주 하게 된 사람으로 바뀌게 된 계기가 있었다. 나는 과거에 억울한 일이나 속상한 일이 있으면 말을 하지 못하고 속 안에 담아두기만 하고 살았다. 그렇게 살아보니까 내가 아무리 오해를 받고 억울한 상황이라도 표현하지 않으면 아무런 소용이 없다는 것을 깨달았다. 내가 운다고 달라지는 것이 없듯이 마음을 숨긴다고 억울한 오해가 풀리지 않는다. 사람은 말해야 안다. 표현하지 않고도 나의 마음을 알아주길 바라는 것은 욕심이다. 그렇기 때문에 표현을 자주 해야 한다. 속마음에 담아두기만 하면 마음의 병이 커질 수밖에 없다. 그러므로 표현이 참 중요하다.

그리고 무엇보다 나는 소중한 이들에게는 마음의 표현을 더 자주 해줘야 한다고 생각한다. 세상에는 당연한 것이 하나도 없기 때문이다. 소중한 것들은 눈에 보이지 않기 때문에 사랑하는 사람들에게 몇 번이고 말을 하며 사랑을 표현해주어야 한다.

소중한 사람들에게 사랑의 표현을 자주 하고 살다 보니 친구들로부터 감사의 말을 자주 듣는 사람이 되었다. 한 친구는 나에게 자기는 사랑한다는 말을 낯간지러워서 잘 못하는데 내가 유일하게 사랑한다고 말할 수 있는 친구라고 말해주었다. 그리고 또 다른 친구는 자기는 행복하다는 말을 하면서 산 적이 별로 없는데 나를 만나 친구가 된 뒤로 행복하다는 말을 자주 하게 되었다고, 정말 고맙다는 인사를 듣게 되었다. 친구들에게 사랑을 담아 대하기 시작한 뒤로 친구들에게 더 많은 사랑을 받게 되었다.

친구들은 내가 어떻게 행복하고 긍정적인 삶을 살 수 있는지에 대해 궁금해한다. 나는 이 궁금증에 대해 부정적인 내가 삶이 긍정적으로 변화할 수 있게 되었던 결정적 계기는 바로 독서라고 말해주고 싶다.

나는 독서를 통해 삶을 긍정적으로 바라보는 사람이 되었다. 이렇게 바라볼 수 있게 된 이유는 독서를 통해 삶의 의미를 찾았기 때문이다. 삶의 의미는 바로 사랑이다. 사랑은 이 세상을 이루는 가장 큰 힘이다. 우리는 사랑으로 자연의 보호를 받고 사람들과 소통하며 사랑으로 삶을 살아간다. 이처럼 사랑은 삶에 있어 너무나 소중하고 아름다운 가치이다.

사랑하는 삶은 바로 온 마음을 다하는 삶이다. 온 마음을 다하는 삶을 살면 우리는 살아가는 모든 순간이 아름답고 감사하게 느낄 수밖에 없다. 온 마음을 다하는 삶을 살면 후회가 줄어든다. 물론 사람이기에 언제든 후회할 수 있는 불가피한 상황이 생기지만, 최선을 다했기에 후회를 하는 일이 점점 많이 줄어들게 된다. 그리고 모든 것을 사랑으로 대하기 때문에 짜증과 불만이 많이 사라진다. 그리고 그 부정적인 감정들이 줄어든 틈을 긍정적 감정들이 채우기 시작한다.

모든 것을 감사하고 용서하니 마음이 편안해졌다

마음속 부정적 감정들이 점점 줄어들고 감사와 사랑이 담긴 긍정적인 마음으로 가득 차면 우리의 인생이 정말 행복하게 변화하기 시작한다. 모든 순간이 정말 감사하게 느껴지기 때문이다. 감사하는 삶을 살아 갈 수 있다는 것만큼 행복한 삶은 없을 것이다. 그래서 나는 감사라는 말을 참 좋아하고 감사가 우리에게 주는 힘에 대해서도 누구보다 잘 아는 사람이 되었다. 그래서 나는 사소한 것에도 감사할 줄 아는 사람이 되려고 항상 노력하게 되었다.

사소한 것에도 감사함을 표현할 줄 아는 사람이 된 뒤로 모든 삶이 아름답게 변했다. 그리고 삶의 감사하는 태도로 살아가다 보니 마음속 화가 정말 많이 사라지게 되었다. 그리고 모든 것을 용서하는 삶을 배우고 실천하며 살아가는 중이다.

긍정적인 삶을 살 수 있는 비결 중 하나는 바로 용서를 하는 삶이다. 누구나 살아가면서 용서가 안 되는 사람이 있을 수 있다. 하지만 용서가 중요한 이유는 용서는 다른 누구를 위해서가 아닌 바로 나 자신을 위한 일이기 때문이다. 붓다는 화에 대하여 이렇게 표현하였다.

"화에 집착하며 매달리는 것은 다른 누군가에게 뜨거운 석탄을 던지겠다는 심산으로 자기 손에 그것을 꼭 쥐고 있는 것과 같다. 결국, 화상을 입는 사람은 당신이다."

붓다의 말로 알 수 있는 것은 결국 화상을 입는 건 나 자신이라는 말이다. 과거에 나는 나를 상처 준 사람들이 너무 미웠다. 그래서 나는 나에게 상처 준 사람들에게 화를 품으며 오랫동안 살았다. 나는 그 사람들에 대한 화는 절대 사라지지 않을 줄 알았다.

그런데 마음을 공부하면서 깨닫게 된 사실이 있다. 마음속 화를 내보내지 않으면 결국 계속 상처 입는 건 나 자신이라는 것이다. 우리가 가슴 속에 화를 표출하지 못하고 미운 상대를 가슴 속에 품으면 마음의 상처가 나아지지 않는 것이다. 그 사람에게 던지고 싶은 화가 담긴 돌멩이가 점점 더 뜨거워지는데, 손안에 꼭 쥐고 던지지 못하면 화상을 입는 건 결국 나 자신이다. 그렇기에 용서는 미운 사람을 위해서 하는 것이 아니다. 바로 나를 지키기 위해, 나를 사랑해서 하는 행동이다. 그래야 미운 상대에게서 벗어날 수 있다.

과거에 그 누구보다 미움이란 감정에 사로잡혀 삶이 힘들었던 내가 결국 나를 지키기 위해 용서하기 시작했다. 물론 시작이 어려울 수도 있지만 그런 생각을 한 번이라도 해본다면 그것만으로 충분히 잘하고 있다고 생각한다.

이 세상을 부정적으로 바라보며 살아가던 내가 이 세상은 아름답고 빛이 난다고 믿으며 살게 되었다. 이보다 행복한 일이 있을까? 긍정적인 나로 바뀐 뒤로 매일 감사하고 행복한 삶을 살고 있다.

세상은 변하지 않았다. 힘들었던 그 시기에 나와 행복한 지금의 내가 살아가는 세상은 똑같다. 그런데 나의 마음이 건강해진 사실 하나로 이 세상 모든 것이 아름답게 변화하였다.

긍정적인 삶이 행복한 이유는 매 순간이 기적이고 매 순간이 감사한 삶이기 때문이다. 그렇기에 내게 지금 주어진 모든 것이 소중하다. 이 세상에 당연한 것은 정말 하나도 없다. 그렇기에 더욱 내가 누리고 살아가는 모든 것에 감사하는 마음을 갖고 살아야 한다. 나는 오늘도 생각한다. 모든 것이 감사합니다. 모든 것이 고맙습니다.

— 06 —

감사하면서 달라진 몸과 마음의 변화

건강이 있는 곳에 자유가 있다.
건강은 모든 자유 중에서 으뜸가는 것이다.

- H. F. 아미엘 -

두려움에서 항상 나를 지켜준 독서

모든 것에 감사하는 마음을 가지고 살아간 뒤로 나의 삶의 아름다운 변화가 찾아오길 시작했다. 나의 몸과 마음이 건강해지기 시작한 것이다. 나는 점점 삶이 밝아지고 아름다워지고 있음을 느끼기 시작했다. 이제는 하루를 살아가는 삶이 설레고 행복하다. 삶이 행복해진 뒤로 나는 매일 살아 있음을 느낀다. 그리고 하루를 시작하는 아침에 나에게 이렇게 이야기한다.

'오늘도 좋은 아침이야. 이렇게 소중한 하루를 선물 받을 수 있어서 너무 감사해. 오늘은 어떻게 행복하고 의미 있는 하루를 보낼까?'

그러면 그날 하루는 시작부터 행복하고 감사한 하루로 채워진다. 감사하는 마음으로 하루를 시작하는 삶은 너무나 아름답다. 나는 이렇게 매일 기적 같은 하루를 선물 받으며 살아간다.

내가 감사하면서 가장 크게 변화한 부분은 바로 2가지이다. 그것은 바로 몸과 마음의 변화이다. 나는 삶을 감사로 채우며 살기 시작한 뒤로 몸과 마음이 건강해졌다. 과거에 나는 스트레스로 인한 급격한 체중 변화로 건강이 좋지 않았다. 그래서 항상 몸이 쉽게 피로하고 지쳤다. 건강이 점점 악화하는 것을 느끼게 된 시점은 어느 순간 숨을 쉬기도 힘들 정도로 살이 불어났을 때이다. 나는 그때 처음으로 다이어트를 꼭 해야 한다고 느끼게 되었다. 정말 이러다 내가 살 때문에 죽을 수도 있다는 생각을 처음으로 하게 되었다.

그 뒤로 나는 다이어트를 결심하게 되었다. 하지만 워낙 많은 체중이 불어나 있었던 터라 어디서부터 시작해야 할지 너무 막막했다. 그리고 조금만 움직여도 숨이 차 너무 힘들었기에 항상 '할 수 있을까?' 하며 두려워했다.

그 두려움의 순간마다 날 잡아준 것은 바로 독서였다. 독서를 할 때마다 약해져 가는 나의 의지를 다시 강인하게 다질 수 있었다. 무엇보다 내가 설정한 나의 목표가 너무 멀게만 느껴져 지쳐 있을 때 독서는 나에게 꾸준함의 힘을 가르쳐주었다. 당장 눈앞에 결과가 보이지 않는다 해도 꾸준히 실천하면 작은 습관이 모여 큰 변화를 이룬다는 것이다.

나는 책을 사랑하는 사람이기에 나를 항상 응원해주는 책이 해주는 말을 믿어보기로 했다. 그렇게 나를 의심하고 두려움이 밀려오는 순간마다 나 자신에게 이렇게 말을 해주었다. 나는 꾸준함의 힘을 믿는다. 이렇게 계속 속삭이며 도전을 멈추지 않았다. 비록 당장은 너무 힘들더라도 내가 할 수 있다는 사실을 계속 인지하고 생각했다.

그리고 나는 꾸준함의 힘을 통하여 45kg 이상의 체중에 감량에 성공했다. 나는 체중 감량에 성공한 뒤로 건강을 되찾게 되었다. 체중을 감량하는 동안 정말 많은 실패와 좌절 시행착오를 겪었지만 그때마다 나를 일으켜 세운 건 바로 독서였다. 나는 독서를 통해 나에게 계속해서 할 수 있다는 믿음과 동기부여를 머릿속에 심어주었다. 그래서 다이어트하는 동안 실패를 하더라도 금방 다시 일어서 시작할 수 있었다. 나는 다이어트를 하면서 체중을 감량하는 동안 정말 많이 강해지고 성장할 수 있음을 느끼게 되었다.

다이어트의 과정 중 가장 힘들었을 때는 바로 배고픔을 참는 일이었다. 나는 그동안 인생의 희로애락을 음식에 녹여서 살았던 사람이기에 오랜 기간 들인 습관을 바꾸는 일이 참으로 어려웠다. 그래서 많이 혼란스러웠고 힘들어했다.

그 힘들었던 마음을 다잡게 해준 감정이 있는데 그것이 바로 감사하는 마음이다. 책에서 감사하는 마음을 가지며 살아야 한다는 것을 배운 뒤로 나는 실천 중이었는데 이 감사의 마음을 다이어트에 적용해보기로 다짐한 것이다.

그 감사의 마음을 생활 속에 녹여내기 시작하니 정말 놀라운 마음의 변화가 일어나기 시작했다. 우선 배고파 힘든 상태에서도 짜증보다는 내가 배고픔을 느낀다는 건 다이어트를 잘하고 있다는 증거라고 긍정적으로 생각하게 되었다. 그러자 힘들었던 마음이 편하게 정리가 되기 시작했다.

하루하루 노력하는데도 몸의 변화가 없는 것 같아 상실하고 있었을 때도 지금도 잘하고 있고 노력해주어서 감사하다는 마음을 갖게 되었다. 살이 쪄서 우울한 쪽에 초점을 맞추기보다는 감사하는 마음을 길러서 지금 나의 인생을 멋지게 바꾸는 것을 나의 인생의 우선순위로 설정하였다. 그래서 나는 이 우선순위를 더 빠르게 성장시키기 위해 독서를 더 열심히 했다.

그리고 내가 다이어트를 하면서 나를 비난하고 나에게 할 수 없다고 말하는 주변 사람들에게 내가 할 수 있다는 것을 당당히 보여주고 싶었다.

나는 살이 찌면서 정말 많은 사람의 이중적인 면을 보며 살았다. 그때는 그게 너무 상처였고 싫었는데 지금의 나는 오히려 내가 삶의 위치가 바닥이었던 것에 감사하게 생각하고 있다. 그 당시 너무 힘들고 도망치고 싶었는데 지금은 그 경험들 덕분에 웬만한 인간관계에 흔들리지 않고 진정한 내 사람들을 볼 수 있는 시야가 생겼다. 이것을 정말 큰 축복이라고 생각한다. 나는 이런 경험들을 하며 강해질 수밖에 없었다. 삶의 이유를 깨닫게 되었고, 꿈을 찾았으며, 미래를 멋지게 꿈꾸게 되었다.

감사를 통해 인생의 스승님을 만나다

감사하며 삶을 살아가던 내게 존경하는 스승님이 생겼다. 바로 김도사님이시다. 김도사님은 정말 멋진 분이다. 내가 살면서 만난 사람 중에 제일 자신감이 넘치시고 빛이 나신다. 많은 사람에게 꿈과 희망을 주며 선한 영향력을 베푸시는 모습은 정말 아름답다. 무엇보다 과거의 시련과 역경을 극복하시고 지금의 큰 성공을 이루신 스승님은 나의 꿈이자 우상이다.

내가 존경하는 스승님은 나에게 이런 말을 해주었다. 소명의식을 가진 사람은 어떠한 시련과 역경이 와도 극복할 수 있다고 말이다. 나는 이 말을 크게 감동하였고 깊이 가슴에 새겼다. 너무 공감되었기 때문이다. 그래서 나는 앞으로 살아갈 삶이 기대된다.

그리고 스승님처럼 사람들에게 꿈과 희망, 더 나아가 사랑을 베푸는 큰 사람이 되는 것이 나의 소명의식이자 꿈이다. 내게 지켜낼 소망이 가슴속에 있는 한 나의 삶을 어떠한 시련이 와도 이겨낼 것이며 분명히 이뤄낼 것이라고 나는 확신한다.

그리고 지금도 이렇게 책을 쓰며 나의 이야기를 들려주는 기적 같은 일도 세계 최고 실력을 가진 스승님께 책 쓰기 코칭을 받아서 가능한 일이었다. 항상 생각하지만 난 참 복이 많고 행복한 사람이다. 그렇기에 이렇게 감사한 스승님도 만날 수 있었다고 생각한다.

이런 감사한 마음을 느끼고 살아가는 나는 오늘도 감사하다. 그리고 감사하는 마음을 배운 뒤로 인생에 정말 많은 부분을 감사한 줄 모르고 살았다는 반성을 하게 되었다. 그 뒤로 나는 이 세상 모든 것에 사랑을 보내는 사람이 되었고 모든 것에 감사하는 마음을 갖는, 그런 아름다운 사람이 되었다. 나는 독서를 만나 감사하는 법을 배웠고 감사를 통해 나를 변화시켰다.

사람들은 세상에서 가장 바꾸기 어려운 존재가 바로 나 자신이라고 이야기한다. 그리고 세상에서 제일 바꾸기 쉬운 존재도 바로 나 자신이라고 말한다. 이 말을 들으면 결론은 나의 마음가짐에 따라 다르다는 것을 알 수 있다.

과거의 나는 변하기 가장 어려운 존재라고 나를 생각하고 나 자신을 미워했다. 그런데 삶이라는 것은 언제나 바닥만 걸을 수 없다. 언젠가는 올라오게 될 길이 나오기 마련이다. 나는 정말 눈앞에 아무것도 보이지 않았던 사람이었다. 그런 나도 이렇게 바닥에서 올라와 이제는 정상을 바라보는 사람이 되었고 정상으로 높이 올라가기 위해 노력하는 사람이 되었다.

그래서 나는 말하고 싶다. 당장 눈앞에 보이지 않는 현실이 차갑고 무섭더라도 포기하지 말라고. 나는 이 세상 모든 것을 사랑하는 사람이기에 당신도 많이 사랑한다. 그러므로 당신은 사랑받는 사람이다. 그러니 나의 이야기를 듣고 좀 더 힘을 내어 주었으면 좋겠다.

이 세상에 존재하는 것도 바로 지금 내가 여기에 숨 쉬고 삶을 살아가기에 가능한 일이다. 우리는 살아가는 것만으로 큰 축복을 받은 사람이다. 나는 이렇게 내가 사랑으로 세상을 바라보게 하여 준 모든 것에 감사하고 또 나를 믿고 지금까지 포기하지 않은 자신에게 감사하다. 이렇게 감사하는 마음가짐 하나로 나는 세상에서 제일 어려웠던 나의 상처를 치유하게 되었다.

모두가 불가능할 거라고 말했다. 하지만 스승님과 책은 나에게 가능하다고 말했다. 나를 믿어준 스승님과 책에 감사의 마음을 표한다. 인생을 감사의 마음으로 가득 채워서 몸과 마음도 건강하게 변화시키고 삶을 바라보는 시선도 멋지게 바꿀 수 있어 나는 너무 행복한 사람이 되었다.

— 07 —

책은 나를
행복한 사람으로 만들었다

> 어리석은 자는 멀리서 행복을 찾고
> 현명한 자는 자신의 발치에서 행복을 키워간다.
>
> **- 제임스 오펜하임 -**

어느새 행복 메신저가 되다

나는 주위 사람들에게 항상 행복하라는 응원의 메시지를 자주 전하는 사람이다. 그 이유는 내가 삶을 살아가면서 행복이라는 가치를 참 중요하게 생각하고 있기에 그렇다. 내가 행복이라는 가치를 좋아하는 이유는 사람이 행복해야 인생이 건강하고 아름답게 삶을 살 수 있기 때문이다.

나는 행복을 사랑하는 사람이다. 그런데 사실 행복이라는 가치를 중요하게 생각하며 살기 시작한 지 그렇게 오래되지 않았다. 행복이라는 소중한 가치가 나의 인생에 찾아온 뒤로 나는 매일 행복한 삶을 살 수 있게 되었다. 대부분의 사람은 행복이라는 가치를 직접 말로 꺼내어 느끼고 생각한 적이 별로 없을 것이다. 나의 주변 지인들의 말을 들어도 행복이라는 단어를 사실 인지하며 살지 않았는데 나에게 행복하라는 덕담을 자주 들은 뒤로 행복이라는 단어를 생각하며 살고 있다는 이야기를 자주 전해 들었다.

사실 나도 지인들의 말에 크게 공감하는 사람이었다. 과거의 나는 '행복'의 '행' 자도 생각을 못 했던 사람이기에 그렇다. 그런데 알고 있을지 모르겠지만, 사람은 마음먹은 만큼 행복하다. 그래서 자신을 행복하지 않다고 인지하는 순간 삶은 불행해진다. 불행해진 삶은 참으로 힘든 삶이다. 우리의 인생은 아름다운 것들을 보고 느끼고 살기에도 시간이 참 짧은데, 그 시간을 불행으로 채우는 것은 너무나 안타깝다.

사람들은 사실 자신이 행복한지 불행한지도 잘 생각하지 않는다고 한다. 바쁜 현실에 삶을 치열하게 살다 보니 자신의 마음과 감정 상태를 들여다볼 수 없는 것이다.

나는 과거에 나 자신을 불행한 사람으로 정의한 사람으로서 이 현실이 참으로 안타깝다. 행복한 삶을 사는 지금과 불행한 삶을 살았던 과거에 마주했던 세상은 정말 삶의 온도에서 차이가 엄청났지만, 바라보고 살아가는 세상은 똑같았다. 정말로 나의 마음 상태 하나만 변화한 것뿐인데 세상이 따뜻해졌다. 그래서 과거의 나와 같이 차가운 세상을 사는 사람이 있다면 마음이 얼른 건강해져서 같이 따뜻한 삶을 바라보며 살 수 있기를 바란다. 그 이유는 내가 지금 겪고 느끼는 따뜻한 삶이 참으로 행복하기 때문이다. 그렇기에 나는 모두 마음이 건강해져서 행복하고 따뜻한 살을 살기 원한다.

이렇게 나를 행복이란 가치로 삶을 살아갈 수 있게 만들어준 존재는 책이다. 책은 정말 나의 모든 것의 시작이었다. 내가 이렇게 나의 감정 상태에 솔직할 수 있는 것도 책을 통해 위로받은 나의 마음을 세상에 드러내라고 항상 용기를 주었기 때문이다. 그 뒤로 나는 정말 감정에 솔직한 사람이 되었다. 마음을 숨기지 않고 표현할 수 있는 삶을 살 수 있게 된 지금, 나는 너무 행복하다.

과거에는 나의 마음을 이야기하는 법을 몰랐다. 그래서 슬픈 일이 있어도 억울한 일이 있어도 한마디를 하지 못했다. 근데 마음이 얼마나 아팠으면 나를 그렇게 방 안에 가두고 나를 상처 주었겠느냐는 생각에 지금은 과거의 내가 안쓰럽고 참으로 대견하다. 포기하겠다는 생각을 자주 하면서도 포기하지 않고 항상 버텨주었다. 그래서 그 사실이 참으로 고맙고 감사하다.

이제 나는 마음이 강해져 나를 지켜줄 수 있는 사람이 되었다. 그래서 이제는 더는 힘들지 않다. 나도 사람이기에 힘든 일이 있고 부정적인 생각이 드는 순간이 있다. 그렇지만 나는 이제 나와 나의 감정을 분리해서 바라볼 수 있는 사람이 되었고, 힘든 일이 있어도 누구보다 내가 멋지고 강한 사람인 걸 알기에 언제나 극복할 수 있다는 사실을 잘 안다. 그리고 나는 그 누구보다도 긍정적인 사람이다. 내가 나를 긍정적인 사람이라고 정의하며 살고 있으므로 부정적인 감정이 순간 든다 해도 흔들리지 않는다. 나는 나를 믿기 때문이다.

나에 대한 믿음이 인생에 살아감에 있어 참으로 중요하다. 그리고 무엇보다 나를 항상 믿어주고 사랑해주는 가족과 지금의 따뜻한 친구들 그리고 나의 보물 책이 있어서 참으로 든든하고 행복한 사람이다.

사람이 힘든 시기를 겪으면 주위의 가까운 사람들도 눈에 보이지 않을 때가 있다. 그래서 나는 지금 힘든 시기를 지금 겪고 있는 사람들에게 당신이 지금 힘든 상황을 보내고 있다면 나 혼자 남겨진 기분에 외롭고 쓸쓸하더라도 포기하지 말라고 이야기해주고 싶다. 당신은 당신 존재 자체로 소중하고 특별한 사람이다. 무엇보다 아무도 당신을 믿어주지 않는다 해도 기죽지 말아야 한다. 가장 큰 믿음은 항상 내 안에 있다는 걸 기억해주었으면 좋겠다. 가장 큰 믿음은 내 안에 있다는 걸 다시 한 번 더 강조하고 싶다.

나는 행복한 사람입니다

책의 힘은 정말 대단하다. 내가 세상에서 제일 불행한 사람이라고 믿고 살았는데 책을 만난 뒤로 세상에서 제일 행복한 사람이라고 믿게 되었다. 너무 신기한 일이다. 책이 주는 놀라운 긍정적인 힘에 나는 한 번 더 감탄하게 되었다. 주변 사람들은 행복하게 삶을 살아가는 내게 이런 질문을 자주 한다. 어떻게 하면 그렇게 행복하게 살 수 있느냐고 말이다. 그러면 나는 이렇게 대답을 한다.

"우리는 존재 자체가 축복받은 사람들이야."

이렇게 이야기하면 친구들은 웃는다. 나는 그럼 이렇게 조언을 해준다.

"책 읽기를 추천해. 나는 책을 만난 뒤로 삶이 정말 행복해졌어."

내 말은 들은 한 친구가 책을 읽고 나서 나에게 이렇게 말해주었다.

"정말로 책을 읽으니까 마음이 편안해지는 것 같아. 하지만 나는 원래 책을 잘 보지 않아서 독서가 어려워."

그 말을 듣고 공감을 하며 고민하게 되었다. 내가 책을 통해 삶을 변화시켰던 것처럼 많은 이들이 책을 읽었으면 좋겠다고 항상 생각해왔다.

지금의 내 독서량을 보면 옛날부터 책을 많이 읽어온 사람 같지만 나는 책을 초등학생 이후로 어른이 될 때까지 읽지 않았던 사람이다. 나도 처음부터 책을 좋아하던 사람이 아니었기에 친구의 그 마음이 너무나 공감되었다. 그래서 내가 책을 쉽게 보는 나만의 비결을 알려줄 수 있으면 좋겠다는 생각을 하게 되었다. 그래서 독서를 쉽게 하는 기술을 알리는 것이 나의 꿈 중 하나로 자리 잡게 되었다.

그리고 이러한 생각을 하다가 문득, 불안한 삶으로 하루하루를 버티며 살았던 내가 이렇게 타인을 위로해 주는 말을 하고 행복해지는 독서법을 알리는 생각을 하는 사람이 되었다는 것이 너무나 신기하게 느껴졌다. 이처럼 삶은 아무도 모르는 것이다. 과거를 생각하면 '이런 행복한 삶을 꿈꾸는 것이 과연 가능했을까?' 라는 생각을 자주 한다.

요즘은 그냥 정말 모든 것에 감사하고 있다. 내가 이렇게 행복한 사람이 되어 소중한 사람들에게 응원을 해주며 좋은 에너지를 주는 사람이 될 수 있음에 감사하고, 또 내가 삶을 아름답게 생각하며 바라볼 수 있다는 것이 참으로 행복하다.

나를 이렇게 행복하게 만들어준 책의 존재는 나의 앞으로의 인생을 두고 보아도 절대 빠질 수 없는 존재이다. 항상 나의 분신같이 평생 내 곁을 함께 할 존재이다. 그래서 나는 책이 나를 행복한 사람으로 만들어준 것처럼 앞으로의 나날도 행복할 수밖에 없다고 생각한다. 왜냐면 책을 통해 나는 행복해지는 방법을 배웠고 행복함을 직접 만들어서 느낄 줄 아는 사람이 되었기 때문이다.

행복은 멀리 있는 것이 아니다. 행복은 항상 우리 안에 존재한다. 지금 이 순간에도 우리 안에 행복이 있다. 다만 우리가 그것을 인지하지 못하고 놓치고 살기 때문에 그런 것이다. 내가 책을 만난 뒤로 아름다운 가치들을 배우고 행복한 사람이 된 것처럼 많은 이들도 행복이라는 소중한 가치를 항상 가슴속에 새기고 마음을 들여다보는 사람이 되었으면 좋겠다고 항상 생각한다. 이러한 가치들을 알려준 독서도 사람들에게 많은 사랑을 받았으면 좋겠다.

나는 모두가 행복한 삶을 살 수 있다고 믿는다. 내가 믿는 만큼 내 삶이 행복해졌기 때문이다. 그리고 나를 행복한 사람으로 만들어준 독서가 있어서 나는 오늘도 참 행복한 사람이다.

— 08 —

독서하며 배우는 인생의 즐거움

> 난 삶을 변화시키는 아이디어를 항상 책에서 얻었다.
>
> **- 벨 훅스 -**

영원한 내 편이 되어준 책들과 함께 꿈꾸다

독서를 만난 뒤로 나는 삶이 행복하고 즐겁다. 내게 독서는 아름다운 가치들을 나에게 일깨워주고 부정적인 가치들은 멀리 떠나보내는 법을 가르쳐준 참 고마운 존재이다. 나는 독서를 통해 인생을 잘 살아가는 방법을 배우게 되었는데 이 배움은 독서만이 줄 수 있는 강점이라고 생각한다.

독서를 만난 것은 내 삶의 축복이라고 생각한다. 분명 시작은 한 권이었는데 그 한 권이 지금의 나를 만든 것이다. 독서가 주는 힘은 언제나 생각할수록 대단한 것 같다.

나는 독서를 하면서 즐겁다고 생각이 들었던 적이 참 많은데 내가 고민하는 부분들을 속 시원하게 해결해줄 때 나는 큰 즐거움을 느꼈다. 예를 들어 내가 어떤 일을 도전에 앞서 불안해 있을 때 책은 나에게 도전해보라고 조언을 해준다. 그리고 또 내가 도전한 일에 실패해서 우울해 있을 때도 나에게 다가와 괜찮다고 나를 격려해준다. 그리고 나에게 다시 할 수 있다고 용기를 준다.

누군가 나의 기분을 상하게 해서 우울해 있어도 책은 나에게 다가와 '그 사람이 너에게 아무리 무례하게 굴어도 그 사람은 너를 해칠 수 없어. 너는 안전해.'라고 이야기를 해주며 나를 지켜준다. 그리고 속상한 날에도 나에게 다가와 '너는 잘 될 거야. 그리고 정말 소중한 사람이야.'라고 말하며 사랑을 보내준다.

나는 항상 이렇게 모든 일상에 사랑을 보내주는 책이 참으로 고맙고 때로는 매우 귀엽고 사랑스럽게 느껴진다. 책이 내 곁에 있어주어 정말 좋다. 그리고 항상 언제나 나를 지켜주고 응원해줘서 너무 행복하다.

책이 주는 즐거움 중 하나는 바로 꿈꾸는 삶을 살 수 있게 해준다는 점이다. 현대 사회에서 사람들은 현실이란 벽에 부딪혀 이상을 꿈꾸기보단 현실에 맞춰서 살아가는 경우가 대부분이다. 하지만 그 현실이란 벽도 부숴주는 게 바로 책의 힘이다.

책을 읽을수록 세상을 바라보는 통찰력이 생기는데, 이 통찰력은 엄청난 지혜의 선물이다. 그래서 세상을 바라보는 눈이 생기면 두려움이 사라지고 사랑을 느끼며 삶을 살아갈 수 있게 된다. 그래서 나는 꿈을 키워주고 지켜주는 책이 항상 고맙고 감사하다.

나는 현실주의자로서의 삶도 살아보고 이상주의자의 삶도 살아본 사람으로서 무엇이 옳고 그름을 따질 수 없고 정답은 없다고 생각하지만 현실주의자로서 살았던 삶보다 이상을 꿈꾸며 이상주의자로서의 삶을 사는 것이 더 많이 행복함을 느꼈다. 그래서 나는 책을 읽으면서 이상을 꿈꾸는 이상주의자가 될 수 있었기에 이 부분도 책이 줄 수 있는 즐거움 중 하나라고 생각한다.

그리고 내가 책 속에서 만나서 멘토라고 생각하는 멋진 위인들과 성공한 사람들의 공통점은 그들이 이상주의자라는 점이다. 나는 그 부분이 참으로 매력적이게 느껴졌다. 책을 통해 이상을 꿈꾸는 사람이 된 것처럼 나도 멘토들처럼 성공한 인생을 만들고 살 수 있다는 사실을 믿어 의심치 않게 되었다. 항상 믿어주는 책이 있어서 든든하다. 천하무적인 내 편이 생긴 기분이라 외롭지 않다.

그리고 독서가 주는 즐거움 중 또 하나는 바로 이성적인 생각으로 중심을 잃지 않기 때문이다. 이 부분이 정말 매력적인 것 같다. 독서로 생각하는 힘을 키우고 마음을 단련하는 한, 그 누가 와서 나를 흔든다 해도 흔들리지 않는다. 이건 진짜 엄청난 강점이라고 나는 생각한다.

과거의 나를 돌이켜보면 타인의 말에 쉽게 흔들려 이리 흔들리고 저리 흔들리고 힘들었는데 지금의 나는 그런 모습을 찾는 것이 어려워졌다. 그 정도로 사람이 단단해졌다. 그래서 옛날에는 나의 주관이라는 것이 없었는데 독서를 하고 자기애가 생기고 자존감이 높아지면서 주관도 함께 생기게 되었다. 그리고 나의 개성이라는 것도 알게 되었다. 이 정도면 책은 나를 완전히 다시 태어나게 한 존재이다.

책을 읽으면서 나의 삶을 멋지게 바꿔 나갈 때마다 너무 즐겁고 때로는 희열을 느낀다. 독서를 할수록 내가 성장하고 있음을 느껴서 너무 행복하고 즐겁다. 나는 주변 사람들에게 나의 인생의 성장 속도가 너무 빠르다는 이야기를 자주 듣는데 이 모든 것은 책이 나를 변화시키고 성장하게 만들어주는 감사한 존재이기 때문이다. 책이 주는 이로움은 정말 말로 표현 할 수 없을 만큼 대단하다.

나는 이제는 독서가 있어서 앞으로 살아가는 나날이 기대된다. 왜냐하면 나는 독서를 만난 뒤로 매년 폭발적으로 성장하고 있음을 느끼기 때문이다. 또한, 지금은 독서력이 발전하고 책을 읽는 기술이 늘어서 더 좋은 책을 더 빨리 읽을 수 있게 되었다. 나는 이제 책을 읽으면 읽을수록 더 많이 성장할 앞날이 기대되어 삶이 즐겁다. 책을 사랑하는 사람으로서 세상에 정말 많은 책이 있다는 것이 즐겁다.

나는 책을 보물이라고 생각하는데 책을 읽으면서 얻는 지혜의 가치가 마치 보물같이 느껴져서이다. 그래서 나는 책을 보물이라고 부르고 책을 읽을 때 보물을 찾는 마음으로 독서를 한다. 이런 마음으로 독서를 하면 더 즐겁다.

내 마음을 울리는 보물 같은 내용을 찾았을 때 나는 정말 큰 행복을 느낀다. 그래서 나는 찾은 보물을 사진 찍어 보관도 하고 친구들에게 공유하며 자랑하기도 한다. 그러면 책을 통한 보물찾기는 성공한 것이다. 그래서 나에게 독서는 어떠한 활동보다 재미있고 특별하며 너무 소중하다.

매일이 설레고 가슴 뛰는 삶으로 변하다

무엇보다 책을 만난 뒤로 고민이 거의 없어졌다. 책에서 안 다루는 고민의 유형이 없기 때문이다. 그래서 나는 고민이 생기면 바로 책에 고민 상담하러 달려간다.

책은 나에게 소중한 친구이다. 내가 아무리 기분이 안 좋고 걱정되는 일이 생겨도 책을 읽으면 마음이 참으로 안정된다. 그리고 무엇보다 내가 말할 수 없는 고민에 속앓이를 하고 있어도 책에게는 언제든지 나의 속마음을 이야기할 수 있다. 책은 철저한 비밀유지를 해주는 아주 입이 무거운 친구이다. 그래서 더욱 고맙다.

그리고 이 책이라는 친구는 고민 상담을 대충 해주는 법이 없다. 진심을 담아 자신의 지식을 활용해서 최선을 다해 고민을 들어주고 좋은 해결방안을 제시해준다. 독서가 주는 긍정적인 영향이다.

독서를 하면 할수록 내가 멋지게 변해가는 걸 매 순간 매번 느끼고 있다. 세상에 내가 존경하는 성공한 이들이 나의 든든한 편이 되어주어 나를 지켜주고 있기 때문이다. 그런 멋진 멘토들을 내가 원하면 언제든지 만날 수 있는 사실이 매우 좋다.

사실 우리가 살아가면서 그렇게 권위 있고 성공한 사람들을 만나기는 쉽지 않은 일이다. 그런데 독서를 하면 내가 원하는 성공한 사람으로 언제든지 만날 수 있다니 너무 신기하다. 그리고 내가 그분들을 선택하여 만날 수 있다니 너무 매력적인 것 같다.

독서를 만난 뒤로 나는 인생을 다시 배웠다. 그리고 인생은 아름다운 것이라고 이제 당당히 느끼고 말할 수 있다. 어두웠던 내 인생이 독서를 만나 행복해졌고 그 안에서 놓치고 살던 나의 꿈을 생각하게 되었다. 꿈을 찾게 되고 가슴 속에 꿈을 품으며 살게 되었다. 무엇보다 꿈이 생겼다는 것이 제일 즐거운 일이다.

나뿐만 아니라 많은 이들에게 꿈과 희망을 나눠주는 독서가 참으로 대단하다고 생각한다. 책이 나를 바꿔주고 많은 사람을 사랑으로 대하고 인생을 아름답게 만들어 주는 것처럼 나도 책이 주는 지혜들을 너무 닮고 싶다.

나는 책을 만나 매일 즐거운 삶을 살고 있다. 책만이 줄 수 있는 즐거움이 존재한다고 생각한다. 나는 책을 통해 행복을 느끼고 감사하는 법을 배우게 되었다. 그리고 나를 소중한 사람이라고 정의하며 하루를 소중하게 열심히 사는 중이다. 이보다 더한 즐거움이 어디 있겠는가.

나는 내가 책을 사랑하게 된 것이 너무나 감사하고 즐겁다. 내 인생에서 평생 빠질 수 없는 즐거움인 책에게 사랑한다고, 고맙다고 말해주고 싶다. 그리고 독서와 함께할 즐거운 나날들이 너무 기대된다.

— 3장 —

하루 한 페이지 지치지 않고 매일 읽는 법

— 01 —

독서, 시작이 반이다

시작은 그 일의 가장 중요한 부분이다.

- 플라톤 -

시작이 두려워도 일단은 도전하다

처음부터 잘하는 사람은 이 세상에 없다. 모든 일에서 도전은 두려움과 설렘이 동시에 공존하는 일이다.

현대 사회의 많은 사람 중 독서의 중요성에 대해 모르는 사람은 거의 없을 것이다. 그만큼 독서의 힘은 많은 사람에게 이야기하지 않아도 얼마나 큰지 다들 잘 알고 있다. 독서의 중요성을 알면서도 실행에 옮기지 못하는 이유는 무엇일까? 그 이유는 독서를 어렵게 생각하기 때문이다.

대부분의 사람은 책을 잘 읽지 않는다. 책이 친숙하지 않기 때문이다. 나 역시도 독서와는 거리가 멀었고, 책을 잘 읽지 않았던 사람이다.

중학교 시절 삶의 의미를 잃어버린 뒤로는 나에게 중요한 것은 하루를 버티는 것이지, 공부가 아니었다. 그 당시에 나는 책을 읽는 것도 공부라고 생각했다. 그렇기에 나는 책을 더 멀리하게 되었고 책과의 사이가 점점 멀어져만 갔다. 책을 우연히 읽게 되더라도 집중이 되지 않아 어려워했던 기억이 난다. 그리고 책을 읽어야 하는 이유에 대해서 알지 못했다.

주변에 책을 좋아하던 친구가 책을 읽고 있는 모습을 볼 때마다 '나는 책 재미없던데, 그렇게 재미있나?' 이런 생각을 하며 책을 좋아하는 친구를 신기하게 자주 바라보게 되었다.

지금 다시 생각해보면 책을 읽는 것이 익숙하지 않은데 집중이 잘된다면 오히려 이상한 것이라고 생각한다. 그만큼 누구나 처음은 어렵고 서투른 것이 당연하다.

그런데 대부분의 사람은 어렵고 서툴다는 감정과 기분이 생기면 두려움이라는 감정을 느끼게 되는데 그 감정에서부터 거부감을 느낀다. 그러면 행동을 꾸준히 실천하면서 많은 제약을 받게 된다. 이런 마음을 알아차리고 인지하면 참 좋겠지만 사실 감정을 분리하고 바라보는 일은 생각보다 어려운 일이다. 그렇기에 우리는 자신에게 꾸준히 해주는 응원과 격려가 필요하다.

자기 자신에게 응원과 격려를 해주기 전에 제일 먼저 해야 할 일이 있다. 그건 바로 시작하는 일이다. 하지만 시작이라는 말은 생각보다 실천하기 어렵게 느껴지기도 한다. 누구나 시작할 때 두려움이라는 감정이 함께하기에 그렇다.

그 이유는 사람은 걱정의 동물이기 때문이다. 내가 사람을 걱정의 동물이라고 표현한 것은 사람은 살아가면서 많은 걱정을 하기 때문이다. 일어나지 않은 일에 대해 걱정을 하는 경우도 많다. 사람은 걱정을 빼놓고 살아갈 수 없다.

하지만 걱정이 그렇게 나쁜 것만은 아니다. 사람을 안전하게 지켜줄 수 있는 생각의 도구이기도 하기 때문이다. 적당한 걱정은 득이 되지만 과한 걱정은 실이 된다. 뭐든지 적당히 해야 인생을 살아가면서 몸과 마음의 건강을 균형 있게 맞출 수 있다. 그래서 마음을 바라보는 연습을 해야 하고 마음을 강화하는 훈련을 해야 한다.

마음을 단련시킬 수 있는 최고의 훈련은 바로 독서이다. 그래서 우리는 독서를 꼭 해야 한다. 독서를 하면 마음을 바라볼 수 있는 능력과 마음을 지킬 수 있는 엄청난 힘이 깃들기 때문에 우리는 꼭 책을 읽어야 한다.

하지만 대부분의 사람은 책이 좋은 걸 알면서도 독서를 시작도 못 하고 책을 두려워한다. 그동안 안 해서 익숙하지 않은 일을 시작한다는 것이 낯설기 때문이다. 그래서 사람들은 매년 독서를 신년 계획으로 세울 정도로 독서에 대한 열의가 강하지만 쉽사리 도전하지 못한다.

사람들이 독서를 어렵게 생각하는 것이 너무 아쉽다. 나는 누구보다 독서가 주는 이로움과 지혜에 대해 잘 알고 있는 사람이기에 모두가 독서로 지금보다 행복한 삶을 살아가는 데 도움을 받았으면 좋겠다는 생각을 항상 했다. 그래서 고민했다.

'어떻게 하면 사람들이 독서에 쉽게 접근하여 삶을 이롭게 바꾸는 좋은 독서습관을 만들 수 있을까?'

그런 고민을 하던 중, 책을 읽고는 싶은데 시작이 어렵다는 말을 친구에게 듣게 되었다. 친구는 자기가 독서를 괜스레 시작했다가 꾸준히 못 하고 또 포기할 것 같아서 쉽사리 도전하지 못하겠다고 했다. 나는 그 순간 머리를 탁하고 맞은 기분이었다. '지금의 나는 책을 사랑하는 사람이 되어서 독서가 익숙한 것이지만 과거에 나도 독서가 어려웠던 시절이 있었지.'라는 생각을 하게 되었다.

과정도 소중하게 생각하는 사람이 되었다

시작의 두려움이 많았던 내가 지금은 독서를 사랑하는 사람이 되었다. 책을 지금까지 읽을 수 있었던 이유는 바로 내가 살고 싶다는 간절한 마음으로 책을 읽었기 때문이다. 그렇기에 나는 독서를 시작할 때 두려움을 극복하고 책을 읽을 수 있었다.

내가 이러한 경험이 있듯이 당신이 책을 읽고 싶은 이유를 찾으면 독서할 때 정말 많은 도움이 된다고 생각한다. 그래서 나는 독서를 시작하기 전에 자신이 왜 독서를 하고 싶은지에 대해 한번 생각해보는 시간을 가졌으면 한다. 예를 들어 '연애하고 싶어요.', '여행 가고 싶어요.', '영어 공부하고 싶어요.' 등등, 뭐든지 좋다. 사소한 이유라도 독서를 하고 싶은 이유가 있다면 대환영이다.

모든 일에서 하고 싶은 이유가 있다면 동기부여가 되어 일을 잘 진행하는 힘이 되어주기에, 독서뿐만 아니라 많은 사람이 도전하고 싶은 일이 생길 때 자신이 왜 그 일이 하고 싶은지에 대해 생각해 보았으면 좋겠다. 그렇게 내가 도전하고 싶은 것에 이유가 있다면 시작에 앞서 큰 용기를 주고 함께 도전하는 데 힘이 될 것이다.

그리고 나는 무엇보다 도전하는 그 자체가 의미 있는 일이라고 생각하는 사람이다. 도전하는 사람은 항상 멋있다. 결과를 다 떠나서 도전하는 삶이 가슴 뛰고 아름다운 삶을 잘살고 있는 사람이라고 믿는다. 그래서 도전하는 사람들을 볼 때마다 나는 그 사람들에게 열정을 배우고 강한 동기부여를 받는다. 그래서 나는 결과를 떠나 도전하는 것만으로도 엄청나게 대단한 일이라고 말해주고 싶다.

많은 사람이 도전을 두려워하는 이유는 결과부터 생각하기 때문이다. 현대 사회에서는 결과를 중요시하기 때문이다. 그런데 결과를 중요시하는 사회인 것을 인지하고 인정하면 사실 마음이 편해진다. 원래 사회가 결과를 중요시하니 나는 나대로 신경 쓰지 않고 도전하면 되는 것이라고 편하게 생각해 주었으면 좋겠다.

무엇보다 다른 사람은 몰라도 나만큼은 자신과 타인에게 결과보다 도전을, 그리고 도전하는 과정을 응원해주는 사람이 되어주면 된다고 나는 생각한다. 결과도 물론 중요하지만, 과정도 매우 중요하다. 모든 결과는 소중한 과정이 존재하기에 가능한 일이다. 우리가 이 사실을 인지하고 인정해줄 수 있다면 이보다 멋진 것은 없는 것 같다.

책을 처음 읽는 것은 누구에게나 낯설고 서투를 수 있다. 그리고 누구에게나 처음은 어렵고 힘든 것이다. 하지만 시작이 반이라는 말이 있듯이 누구나 책을 읽고 싶은 마음만 있다면 책 읽기는 성공한 것이다. 그리고 지금 당장 독서를 하고 있는 것만으로도 당신은 성장하고 발전하고 있다는 것이다. 그 작은 시작이 모여서 탄탄한 내공이 쌓이면, 독서가 나의 인생을 행복하게 바꿔주었듯이 당신의 인생도 행복하게 변할 거라고 나는 믿는다.

— 02 —

한 줄이라도 좋으니 매일 읽어라

> 빠른 명마는 하루에 천 리를 달릴 수 있다.
> 노둔한 노마도 쉬지 않고 열흘을 걸으면 역시 천 리를 갈 수 있다.
>
> **- 순자 -**

나는 꾸준함의 힘을 믿는다

나의 삶의 빠질 수 없는 소중한 키워드가 있다. 이 키워드는 나를 가장 잘 표현할 수 있는 말이기도 하다. 그 말은 바로 꾸준함이다. 나의 인생에 있어 꾸준함이란 절대 빼놓고 갈 수 없는 소중한 가치이다. 나는 이 꾸준함의 힘을 통해 나의 삶을 아름답게 만들었고 나의 몸과 마음을 건강하게 만들었다. 그렇기에 나는 꾸준함을 사랑하고 꾸준함이 곧 나이며 그리고 이제는 그 누구보다도 꾸준함의 힘에 대해 잘 알고 있다.

많은 사람이 결과가 빠르게 나오지 않을 때 쉽게 포기한다. 자신은 노력하고 있지만 성장하는 것이 보이지 않기 때문에 답답해한다. 그 사람들이 포기하는 마음을 나는 공감하는 부분이 많다. 그 이유는 나의 행동이 결과로 바로 이어지지 않으면 답답하고 내가 지금 하는 일이 잘하고 있는지 의심이 들 때가 참으로 많기 때문이다. 그 마음을 너무나 잘 알고 공감하기에 원하는 목표를 이루기 전에 실망하고 포기하는 이들을 보면 안타까운 마음이 든다.

그렇다면 의심하는 마음이 생길 때 당신은 어떻게 그 마음을 잠재울지 생각해본 적이 있는가? 대부분 사람들은 의심이 들면 마음이 불안해도 그냥 내버려둔다. 의심하는 마음을 내버려두면 그 의심이 계속 커져서 두려움으로 다가온다는 사실을 잘 알기에 그런 모습을 볼 때마다 항상 걱정의 마음도 같이 드는 것 같다.

과거의 나도 자신을 의심하는 습관이 있었다. 습관은 사실 행동뿐만 아니라 감정도 습관이 될 수 있다. 그렇기에 우리는 감정을 길들이더라도 나에게 이로운 감정을 습관으로 만드는 노력을 해야 한다. 그리고 만약 내가 부정적인 감정이 익숙해진 사람이라면 나는 그 감정을 분리하는 데에 최선을 다해야 한다고 생각한다.

그 이유는 내가 과거에 의심이 습관이었듯이 어떠한 일에 의심이 생기다

보면 그 의심이 점점 커지기 시작한다. 그러면 그 의심은 두려움이라는 감정으로 더 어둡게 변해간다. 나는 그 어둠에 삼켜져 힘들어했던 경험이 있기에 작은 사소한 부정적 감정이라도 신경 써줄 수 있는 사람이 되어야 한다고 생각한다. 우리가 살면서 경험하는 모든 일에서 믿음이 참 중요하다. 그래서 모든 일에 두려움과 의심이 생길 때 우리는 믿음을 키워서 그 어둠의 가치들에서 우리가 하고 싶은 꿈들을 지킬 수 있는 사람들이 되어야 한다.

나는 이런 긍정적인 가치들을 책에서 성장시켰다. 책을 만나 꾸준한 독서를 통해 나의 내면의 가치를 성장시키고 키웠다. 그리고 나는 그 멋진 가치들로 지금 나의 삶을 아름답고 행복하게 꾸미며 살아가는 중이다. 매우 기쁘고 행복한 삶이다. 독서가 주는 힘은 정말 대단한 것 같다.

이렇게 삶을 긍정적으로 바꿔준 독서가 지금은 나의 일상이 되어서 계속 발전하고 성장하고 있지만, 처음에는 책을 읽는 것이 너무 어려웠었다. 아예 책을 읽지 않는 사람이기에 독서가 어려울 수밖에 없었다. 간절한 마음으로 독서를 하니 나는 독서를 할 때 책의 내용이 이해가 가지 않는다 해도 책을 오래 보는 힘이 생겼다. 그것은 바로 꾸준함이다.

나는 이 꾸준함으로 책을 읽기 시작했다. 이 꾸준함이 있으니 부담감도 사라졌다. 매일매일 조금씩이라도 읽는 독서가 어렵지 않았다. 내가 독서를 할 때 부담감을 가졌던 이유도 독서를 시작하면 빠르게 끝을 봐야 한다는 조급함에서 있었다. 그래야 빠른 결론을 얻어 빨리 달라진 나의 모습을 느낄 수 있기 때문이다. 그렇지만 그 조급함이 나를 잃게 하는 것이었다.

이런 생각을 반복하니 절실하게 책을 읽는 마음에 책 읽기를 놓지는 않았지만, 어느 순간 책 읽기가 고문처럼 고되게 느껴질 때도 있었다. 하지만 나는 마음이 원하지 않는 독서를 계속하고 있었다. 억지로 행동을 지속하는 것이 정말 효과가 있을까?

나는 독서가 힘들다고 느껴진 순간 많은 스트레스를 받았었다. 삶이 변화하기를 바라는 이상과 그리고 내가 달라지지 않은 현실 사이에서 방황했고 삶의 방향에 대해 고민하기 시작했다. 그런데 그 순간에도 나를 잡아 준 것은 바로 독서였다. 독서는 나를 항상 지탱해주는 힘이었다. 어느 순간에나 함께 있었다. 이때에는 이 사실을 잘 몰랐는데 독서가 힘이 든다고 생각했던 순간에도 나에게는 큰 위로를 주었다.

그리고 나는 독서가 주는 힘을 통해 독서에 대한 고민을 해결할 수 있게 되었다. 우선 책 읽기 방식이 잘못되었다는 것을 깨달았다. 내가 책을 읽는 수준은 아직 초보 단계인데 고수의 단계를 원했기에 탈이 난 것이었다. 그리고 꾸준함의 힘을 생각하지 못했다. 매일 책을 읽으며 분명 당장 변화가 없어도 이 책을 읽은 어제의 나와 오늘의 나는 분명 다르다는 사실을 인지하지 못했다. 작은 변화가 쌓여서 큰 변화를 만드는 것을 항상 머릿속에 생각해야 한다. 그리고 이 꾸준함의 힘을 알아차릴 수 있어야 그때부터 변화에 시너지가 붙는다. 나는 이 꾸준함의 가치와 직접 경험한 이 힘에 관해서도 책을 통해 배웠다.

독서를 할수록 마음이 편안해지다

이렇게 나를 돌아보는 시간을 가진 뒤로 나는 책 읽기가 편해졌다. 마음의 편안함을 얻으니 책 읽기가 더욱 집중이 잘되는 것이었다. 그리고 편안한 마음으로 책을 읽다 보니 책이 주는 교훈에 대해서도 더 깊게 생각해보는 시간을 가질 수 있었다. 나는 책을 읽을 때 성장한다는 것이 이런 느낌이구나 하고 생각하게 되었다. 정말 작은 변화를 준 것뿐이데 이렇게 마음이 편해질 수 있다는 사실이 너무 신기했다. 나는 그 뒤로 책을 매일 읽을 힘이 생겼다.

책을 한 줄이라도 매일 읽은 뒤로 나에게는 성취감이 생겼다. 삶이 무기력하던 내게도 성취감이라는 희열을 느낄 기회가 생긴 것이다. 그래서 나는 매일 매일 책을 읽는 내가 너무 대견하고 자랑스럽게 느껴졌다.

다른 사람에게는 매일이라는 말이 부담스럽고 어렵게 느껴질 수도 있지만 나는 나의 독서의 기준을 최소 한 줄로 잡아놓았기 때문에 어렵지도 않고 부담스럽게 느껴지지 않았다. 그래서 나는 꾸준함으로 독서를 매일 할 수 있게 되었다.

무엇보다 마음을 편하게 만들어주는 독서를 하니 독서로 얻는 배움의 행복과 마음의 행복을 동시에 느끼며 계속 독서를 할 수 있게 되어서 매우 좋았다. 그래서 나는 책을 읽고 싶은 사람들에게 매일 꾸준히 읽는 것을 추천한다.

거북이와 토끼의 달리기 경주 이야기가 있다. 토끼는 게으름을 부려 결승지점을 통과하지 못했지만, 거북이는 자신의 속도가 느려도 꾸준함을 통해 끝까지 포기하지 않고 결승 지점을 통과할 수 있었다. 이 이야기로 알 수 있듯이 타고난 재능이 있더라도 노력이 없으면 아무 소용이 없다는 말이다. 거북이는 자신의 주어진 신체 환경보다 자신의 인내심과 노력을 믿고 꾸준히 나아갔기에 경주에서 승리할 수 있었다.

만약 당신도 독서가 하고 싶다면 너무 어렵게 생각하지 않고 그냥 읽었으면 좋겠다. 그리고 지치지 않도록 조금만 읽는 방법도 좋다. 그러니 너무 조급하게 생각하지 말고 일단 시작했으면 좋겠다. 하겠다는 의지와 생각만 있어도 당신은 잘하고 있는 것이다. 그리고 당신의 마음을 꾸준함으로 채워서 매일매일 책을 읽는 습관을 키워나갔으면 좋겠다. 나는 책을 단 한 줄만 읽어도 당신의 독서는 성공했다고 생각한다.

— 03 —

틈새 시간을 활용하여 읽어라

> 변명 중에서도 가장 어리석고 못난 변명은
> 시간이 없어서 라는 변명이다.
>
> **- 에디슨 -**

시간의 소중함을 배우다

현대인들의 가장 많이 하는 변명거리는 바로 시간이 없어서이다. 우리는 죽음이라는 단어 앞에 한정된 시간을 부여받고 살아간다. 그런데 대부분 사람들은 시간이 없다고 말을 하며 유한한 시간을 무한한 것처럼 낭비한다는 것이다. 그래서 삶의 우선순위로 두어야 할 중요한 것들을 실천하지 않고 계속 미룬다. 그리고 '시간이 없어서'라는 말로 자기 합리화한다.

자기 합리화를 하면 편한 건 사실이다. 그러나 자기 합리화는 자기 자신을 함정으로 빠지게 하는 가장 큰 함정이다. 이 사실을 간과한 채 모든 일에서 자기 합리화가 습관이 되면 결국 가장 큰 손해를 보는 건 바로 자기 자신이다.

나도 자기 합리화를 자주 했던 사람으로서 정말 자기 합리화는 습관이 된다는 점을 강조하고 싶다. 결국 습관이 되어버린 자기 합리화는 나를 성장시킬 기회를 막는다. 그렇기에 우리는 자기 합리화의 늪에서 바로 빠져나와야 한다.

내가 자기 합리화와 시간 관리에 대한 생각을 같이 이야기하는 이유는 그 두 부분이 서로 많이 연결되어 있기 때문이다. 시간 관리에서 자기 합리화만큼 핑계를 대기 좋은 변명거리가 없다.

우리는 시간의 중요성에 대해 잘 모른다. 원래 인생이라는 건 모든 시간이 모여서 이루어지는 여정이기 때문에 우리는 모든 시간을 소중히 생각해야 하고 알차게 보낼 수 있도록 노력해야 한다.

성공한 위대한 사람들은 항상 말한다. 시간만큼 소중하고 중요한 것은 없다고. 그리고 그들이 말하는 시간에 대한 생각은 모두 똑같다. 모두에게 똑같이 주어지는 24시간이라는 시간을 어떻게 활용할 것인지 중요하다고 말이다. 그리고 '세상에 가장 어리석은 변명은 시간이 없어서이다.'라는 에디슨의 명언이 있다. 에디슨의 명언을 마음속에 새기면 어떤 일이라도 진취적으로 해 나갈 수 있고 성장해 나갈 수 있다고 나는 믿는다.

나는 현재 가게를 운영하면서 사람들에게 꿈과 희망을 주는 자기계발 컨설팅 일을 함께 병행하고 있다. 사실 2가지 일을 하면 시간이 부족하다. 하지만 모두 내가 하고 싶은 일이기에 최선을 다하려고 항상 노력한다. 나는 이렇게 내가 주어진 환경 속에서 최선을 다해 열심히 일하며 지내고 있다.

2가지 일을 하면서 하나의 고민이 생겼다. 그것은 바로 꾸준히 해오던 독서 시간이 줄어든 것이다. 한동안은 독서할 때 집중을 잘 못하게 되어서 답답하고 속상한 마음이 계속 들었다. 내가 사랑하는 독서가 우선순위에서 밀려난 것만 같아 답답했다. 그리고 매일 일정 시간을 투자해서 열심히 책을 읽는 사람이 바쁜 일상 때문에 독서를 못 하게 되면 우울해진다.

나는 그래서 이 상황을 어떻게 해결할지 고민했다. 그러면서 원래 독서할 수 있는데 지금 시행착오를 겪고 있는 과정일 뿐이라고 생각하며 마음을 잡고 다시 생각하고 실천했다. 그리고 사람들에게 도움을 주는 코칭을 하는 사람으로서 시간이 부족한 상황에서도 나의 잠재력을 끌어내는 데 성공한다면 더 멋진 코칭을 해줄 수 있는 사람이 될 수 있다고 생각했기에 감사하는 마음을 가지려고 노력했다. 그리하여 나는 될 때까지 계속 도전했다.

그리고 나는 내가 주도하는 삶을 살고 싶지, 주어진 환경에 묶여서 하루를 끌려다니는 삶은 살고 싶지 않았다. 나는 될 때까지 버티고 도전하며 더 좋은 책 읽기 습관을 보완하기 위해 최선을 다해서 책을 읽기 시작했다. 이 고민을 해결하기 위해 제일 먼저 실천한 방법은 틈새 시간을 활용하는 것이다.

독서를 통해 문제 해결 능력을 키우다

내가 시간이 부족하여 바쁜 생활에 독서 시간이 줄어든 원인과 요인을 파악했다. 그리고 내가 활용할 수 있는 틈새 시간이 얼마나 있는지 계속 점검했으며 그 틈새 시간을 활용하여 독서를 다시 하기 시작했다. 이것은 내가 여태까지 안일하게만 보냈던 틈새 시간이 얼마나 중요한 것인지를 다시 한 번 더 느끼는 계기가 되었다. 그리고 내가 틈새 시간을 합치니 정말 많은 시간을 낭비하고 있었다는 것을 느꼈다.

그래서 나는 출퇴근하는 시간, 잠시 식사하고 남는 휴식 시간, 화장실을 다녀오는 시간 등등 활용할 수 있는 모든 시간을 사용하기 시작했다. 그러자 정말 신기한 일이 일어났다. 시간이 촉박해지기 전에 보다 책을 더 많이 효율적으로 읽게 되었다는 사실이다.

이 일이 나에게 대단한 이유가 있다. 가게를 하기 전에는 충분한 여가 시간을 활용할 수 있었다. 그런데 지금은 주변 환경에 지지 않고 오로지 나의 노력만으로 부딪쳐 독서의 한계뿐만 아니라 업무의 효율을 뛰어넘을 수 있게 되었다.

이 일을 계기로 느낀 점이 있었다. 우선 내가 중요하지 않다고 생각하던 틈새 시간이 사실은 엄청난 가치를 지닌 시간이라는 점을 배웠고, 무엇보다 나의 내면의 가치에 대한 생각이 변화했다. 그 생각은 바로 나의 마음가짐의 차이라는 점이다. 그리고 내가 하겠다고 마음을 먹는다면 못 해낼 일이 없다는 것이다. 이 일을 통해 나는 한층 더 강해졌음을 느낄 수 있었다.

그리하여 나의 경험담은 컨설팅해준 사람에게도 많은 도움이 되었다. 나의 이야기를 공감하며 자신들의 환경에 변명하지 않고 열심히 도전하는 삶을 살겠다고 나에게 감사의 인사를 전해왔다. 그들의 감사의 인사를 듣고 느꼈다.

'정말 인생에 나쁜 것은 하나도 없구나. 뭐든지 내가 극복하기 나름이고 생각하기 나름이구나.'

내가 한계를 느끼는 상황이 오히려 더 큰 기회와 강인한 내면을 길러 줄 수 있었던 계기가 되어주었다. 나는 큰 고마움을 느꼈다. 그리고 인생의 노력과 시간의 소중함에 대해 다시 한 번 더 생각하고 배우게 되었다.

가게를 운영하며 나는 처음 하는 외식업에 적응이 힘들어서 초반에 마음 고생을 많이 했다. 이때에도 나에게는 책이라는 존재가 참 큰 힘이 되어주었다. 그 정도로 나는 책이 가지고 있는 힘과 중요성을 정말 크게 생각하고 강조하는 사람이다.

책은 엄청난 잠재력이 들어 있는 보물 상자이다. 그 보물 상자를 여는 것은 본인만이 할 수 있다. 그래서 나는 사람들에게 잠재력을 키워주는 독서의 매력이 많이 알려지고 사랑받기를 원한다. 그리고 독서를 통해 자기계발의 가치에 대해서도 느꼈으면 좋겠다. 이 세상에 자신을 멋지게 발전시키는 일만큼 재밌고 행복한 일은 없기 때문이다.

그러니 우선 뭐든 좋으니 작은 틈새 시간부터 활용해서 자기계발과 독서를 시작해보았으면 좋겠다. 틈새 시간을 활용하는 것이기 때문에 일상생활에 큰 지장을 주지 않을 것이다. 부담 갖지 않고 편하게 시작해보았으면 좋겠다. 꾸준함만큼 대단한 습관은 없기 때문이다.

노력 끝에 시간의 한계에 지지 않고 다시 원래대로 독서 습관을 돌려놓았던 경험은 내가 앞으로의 책을 읽는 시간을 한층 더 소중하게 느끼는 계기가 되었다. 그리고 이 계기는 시간의 중요성과 이 시간을 어떻게 체계적으로 관리해야 하는지도 다시 한 번 더 점검하게 해준 너무나 고마운 경험이다.

나는 이 경험을 바탕으로 현재에 상황에 안주하지 않고 더 나아가 실력을 쌓고 더 발전할 것이다. 그리고 많은 사람에게 꿈과 희망을 전해주는 사람으로서 지금보다 더 많은 사람의 꿈을 도우며 더 나아가서는 그 사람의 꿈을 실현해주는 최고의 메신저가 되고 싶다.

— 04 —

책을 읽고 서평을 써라

> 역사의 차이는 기록의 차이다. 데이터, 경험, 역사.
> 이것은 돈 주고도 못 사는 것이다.
>
> **- 이건희 -**

기록하는 삶이 주는 교훈

우리가 살아가는 삶은 수많은 추억의 연속이다. 지금 이 순간도 이내 새로운 과거가 되고, 현재를 살아가고 있다. 이렇게 유한한 시간 속에서 우리는 삶을 계속 살아가고 있다.

당신은 과거에 대해 기록을 하는 사람인지를 물어보고 싶다. 과거에 나는 기록을 하는 것을 매우 싫어하던 사람이었다. 나 자신을 너무 싫어했기 때문에 나와 연관되는 모든 일이 기록하는 것이 싫었다. 하지만 많은 책에서 내가 인생을 좀 더 현명하게 건설적으로 살아가기 위해 기록이 중요하다고 강조했다.

이처럼 새롭게 들어오는 언택트 시대에 기록은 선택 사항이 아니라 필수 사항이 되어버린 지금, 기록하는 삶은 도대체 왜 중요한 것일까? 그 이유 중 하나는 인간은 후회라는 감정을 떼고 살아갈 수 없기 때문이다.

후회는 우리 인생에 계속 함께하는 감정이다. 하지만 후회는 사실 어떠한 선택을 하더라도 조금이라도 따라올 수밖에 없는 것이다. 왜냐면 우리의 인생은 항상 수많은 갈림길과 선택의 연속인데 그 선택의 순간에서 어떤 선택이 최고의 결과로 이어질지는 아무도 모르기 때문이다. 그래서 우리는 후회를 하고 살아갈 수밖에 없는 것이다.

아무리 봐도 남부러울 게 없는 사람은 후회할 일 없이 살아가는 것 같지만, 막상 보면 전혀 그렇지 않다. 사람마다 누구나 가슴 속에 고충 하나씩은 있다. 그러나 그 고충을 어떻게 마주하며 살아가는가에 대한 차이이다. 그 고충을 해소하는 방법이 바로 기록이다.

기록의 좋은 점은 과거의 내가 했던 생각이나 행동들을 다시 한 번 돌아볼 수 있게 해주는 아주 좋은 행위이다. 사람은 기록하지 않으면 과거의 일에 대한 생각과 마음가짐을 잊어버리기 때문이다. 그래서 책 속에서도 보는 좋은 내용을 기록하지 않고 넘긴다면 아무리 나의 마음에 드는 내용이라도 잊어버릴 수밖에 없다. 사람은 계속 보고 듣지 않으면 잊어버리기 때문이다. 그러므로 우리가 삶을 현명하게 살아가기 위해서 기록을 꼭 해야 한다. 그 기록의 시작은 뭐든 좋다고 생각한다.

기록을 시작하는 삶을 살게 된 지 약 4년의 세월이 흘렀다. 내가 기록을 하게 된 계기가 있다. 그것은 바로 내가 존경하는 멘토들이 자신의 생각이나 경험을 돌아보며 지혜와 영감을 얻기 위해 바로 기록을 한다는 점에서 나에게 너무 매력적으로 다가왔다. 그래서 그 이야기를 듣자마자 바로 기록하는 삶을 시작했다. 그 기록의 삶의 실천 방법은 거대한 것이 아니라 아주 사소한 시작이었다. 그것은 바로 일기이다. 나는 일기를 통해 매일 같이 기록하는 삶이 주는 행복과 힘에 대해 배우게 되었다.

내가 느끼는 기록하는 삶의 좋은 점을 뽑자면 우선 나 자신을 돌아볼 수 있다는 점이다. 나 자신을 바라보는 것만큼 중요한 일은 없다고 생각한다. 하지만 내 마음 마주하기는 참으로 힘든 일이기 때문에 우리는 기록을 해야 한다. 그래야 그 기록을 통해 나의 마음속 이야기를 들어주고 생각해주며 무엇보다 나를 객관적으로 바라보는 일이 가능하기 때문이다.

그리고 두 번째 장점은 생각의 관점을 바꿔준다. 과거의 일기들을 살펴보면 정말 힘들었던 일, 즐거웠던 일, 부끄러웠던 일 등 다양한 감정들이 고스란히 녹아 있다. 그때에는 너무나 힘들었던 기억들도 시간이 흐른 뒤 다시 보면 '내가 이런 일로 힘들어 했네.' 하고 신기해할 때도 있다. 혹은 '내가 이때 왜 이리 힘들었지?' 하고 생각을 되짚어보면서 새로운 생각을 배우게 된다. 그 일들이 반복된다면 정말 시간이 약이라는 말을 공감하면서 과거의 힘들었던 일들이 치유되고 있음을 느끼게 될 것이다.

그리고 마지막으로 내 생각을 정리할 수 있다. 기록은 곧 생각이다. 그러므로 기록은 내 생각을 정리하여 기록한 것이다. 내 생각을 기록하면 복잡했던 머릿속 고민도 정리되는 효과를 얻을 수 있다.

우리가 살아가는 사회는 걱정거리들이 너무 많다. 우리는 굳이 신경 쓰지 않아야 할 부분까지 다 신경 쓰고 걱정하며 살아가고 있다. 그렇기에 우리는 생각을 정리해줄 수 있는 기록을 꼭 해야 한다고 생각한다. 그리고 생각을 정리해놓은 기록들은 나중에 다시 찾아보면 나의 인생에 어느 순간 도움이 되어줄 경험이 된다고 생각한다. 그리고 내가 언제든지 찾아서 볼 수 있기에 나를 성장시킬 수 있는 최고의 선택 중 하나라고 생각한다.

독서를 통해 생각하는 힘을 기르다

나는 독서의 중요성을 강조하는 사람으로서 앞서 언급한 기록의 효과를 믿는다. 그렇기에 나는 독서가 하고 싶은 사람이거나 독서에 관심 있는 사람이라면 책을 읽고 서평을 남기기를 추천하고 싶다. 서평은 책에 대한 평이다. 말 그대로 내가 책을 읽고 느낀 점을 자연스럽게 기록하면 된다. 대부분의 사람은 서평에 대해서 어렵게 생각하지만 어렵게 접근하지 않았으면 좋겠다. 그냥 자연스럽게 나의 이야기를 한다고 생각하며 술술 써보았으면 좋겠다. 그게 바로 서평이자 나의 기록의 시작인 것이다.

그렇다면 책을 읽고 왜 서평을 써야 하는 것일까? 그것은 바로 서평을 통해 책을 분석하고 얻은 교훈을 다시 한 번 더 느낄 수 있기 때문이다. 무엇보다 자기 자신이 직접 기록한 글이기 때문에 자연스럽고 더 애착이 갈 수밖에 없다. 독서를 할 때 서평을 남겨두어야 하는 이유는 언제든지 다시 책을 읽을 때 그 책의 서평을 보면 내가 이 책을 통해서 어떤 교훈을 얻었는지 혹은 어떠한 점이 좋았는지 등 다양한 그때의 내 생각에 대해서 알 수 있기 때문이다.

사람은 여러 번 복습해서 책을 보지 않는 이상 그 책의 내용에 대해 기억이 잘 안 날 수밖에 없다. 그렇기에 우리는 기록이라는 것을 통하여 우리의 생각을 이야기해야 한다고 나는 생각한다. 머릿속에서 생각한 것을 외부로 꺼내어 글로 적는 일은 한 번 더 생각해야 하는 일이다. 그래서 우리는 서평을 통해 사색이라는 것을 자연스럽게 할 수 있다.

진정한 독서는 읽는 것만이 중요한 것이 아니다. 바로 사색이 중요하다. 사색이라는 말은 생각하기이다. 생각은 참 중요하다. 그 생각을 통하여 사람이 발전하기 때문이다. 독서를 통해 발전하고 싶다면 책을 읽으면서 생각을 더 깊이 하면 좋겠다. 생각을 깊이 하면 할수록 독서를 할 때 느끼는 것들이 많기 때문이다. 그리고 그 생각을 서평으로 기록하게 되는 순간 그 생각은 나의 기록으로 남게 되어 내가 다시 책을 보고 싶을 때 꺼내어 읽으면 엄청난 도움이 된다고 나는 생각한다.

나 역시 책을 반복하여 다시 읽게 될 때 기록한 서평을 보면서 내가 이 책을 보고 무엇을 배웠는지 알 수 있었다. 그래서 나는 그 생각을 다시 보면서 책을 읽을 당시를 회상할 수 있었고 또한 기록을 통해 생각이 얼마나 발전하고 있는지를 알 수 있게 해준 소중한 계기가 되었다.

무엇보다 좋은 책 같은 경우 반복해서 읽어야 하는데 책을 다시 읽을 동안 서평을 보며 그 당시에 그 책을 읽었을 때의 나와 지금 당시의 나는 다르기에 반복 독서를 할 때마다 다른 관점과 시야로 독서의 즐거움을 알 수 있게 될 것이다. 그래서 나는 독서를 할 때 서평 쓰는 일은 꼭 실천해 보았으면 좋겠다.

이처럼 우리의 삶의 기록은 인생에서 중요한 부분을 차지하고 있기에 떼어내려야 떼어놓을 수가 없다. 책 읽기도 그렇다. 우리의 삶의 기록이 중요하듯이 책 읽기에도 서평이 참 중요하다. 서평을 기록하여 내 생각을 돌아보고 정리하며 책에 대해 생각하고 기록하며 읽는 것과 그냥 책만 읽는 것의 차이는 어마어마하다고 생각한다. 그래서 우리는 인생을 더 멋지게 살기 위해선 많이 기록하고 매일 배워나가는 노력을 해야 한다.

— 05 —

좋아하는 분야의 책으로 시작하라

> 도전은 인간을 흥미롭게 만들며,
> 도전의 극복이 인생을 의미 있게 한다.
>
> **- 조슈아 J. 마린 -**

독서에 흥미를 붙이는 방법에 대해 연구하다

누구에게나 도전은 쉽지 않다. 용기를 내어 도전한다고 하더라도 끈기 있게 오래 무언가를 유지할 수 있는 사람은 그리 많지 않다. 왜 그런 것일까? 그 이유는 처음에는 도전하고 싶은 일의 흥미가 생겨 의지도 높아지고 열정이 넘치지만, 시간이 지날수록 도전 한 일에 적응하지 못하거나 흥미가 떨어지면 그 일을 꾸준히 오래 유지하는 일이 쉽지 않다. 그래서 무엇을 시작하게 되었을 때 점점 재미를 느껴가며 흥미를 붙이는 것이 제일 좋은 방법이다. 이 방법을 책을 읽을 때 적용해도 좋을 것이다.

많은 사람이 책을 읽기 꺼리는 이유 중 하나는 독서를 어려운 공부라고 생각해 거부감을 느끼기 때문인 것 같다. 나 역시도 지금은 독서를 좋아하는 사람이지만 과거에는 책을 읽는 것이 어려운 공부라고 생각한 적이 있다. 그리고 나의 주변 지인들한테 물어봐도 책 읽기라는 행위 자체가 어렵다는 이야기를 많이 듣게 되었다.

나는 독서가 어렵다는 고정관념을 없애고 흥미롭게 책에 재미를 붙여가며 책을 읽는 습관을 기르는 방법에 대해 고민을 많이 하게 되었다. 그래서 생각한 방법의 하나가 바로 좋아하는 분야의 책으로부터 독서를 시작하는 것이다.

많은 사람이 독서를 시작할 때 자신이 흥미롭거나 읽고 싶은 분야의 책을 고르는 경우보다 지인의 추천을 받은 책을 고르거나 유명한 베스트셀러를 골라 읽는 경우가 많다. 물론 이 방법으로 독서를 시작하는 것도 참으로 감사한 일이다. 그런데 그 방법으로 독서에 흥미가 생길 수 있다면 다행이지만, 처음 접한 책부터 가독성이 떨어지면 흥미를 금방 잃을 수밖에 없다.

그렇기에 독서에서 제일 중요한 것은 이 습관을 계속 유지할 수 있는지 여부이다. 다른 자격증이나 시험과 같이 정해진 기간에 공부를 열심히 하고 시험을 쳐서 결과를 얻고 끝나는 공부가 아니기 때문이다. 그렇기에 우리는 독서를 꾸준히 할 수 있도록 준비하고 노력해야 한다는 것이다.

한 권이라도 인생 책을 만난다면 정말 좋은 영향을 받아 인생이 달라질 수 있을 정도로 책은 영향력이 큰 존재이다. 한 권의 책을 읽고 끝내는 것이 아닌 꾸준한 행동으로 오래 책을 읽는 습관을 들이는 것이 중요하다. 오랜 시간 꾸준한 독서를 하는 데에서 오는 배움은 나의 지식과 지혜가 되고, 살면서 마주하는 위기를 극복할 수 있는 현명함과 세상을 보는 통찰력을 길러주는 아주 중요한 존재이다.

나는 이렇게 좋은 독서가 많은 사람에게 사랑받기를 바란다. 그래서 나는 더더욱 독서를 시작하는 방법에 대해서 말하는 것이 중요하다고 생각한다. 독서를 오래 꾸준히 할 수 있는 삶을 살 수 있도록 많은 사람에게 도움을 주고 싶기 때문이다. 독서로 나의 인생을 변화시켰듯이 다른 사람들도 독서에 좋은 영향을 받아서 행복한 삶을 살았으면 좋겠다.

그렇다면 독서를 시작할 때 제일 중요한 것은 무엇일까? 일단 그것은 바로 책을 읽어야 한다는 점이다. 책을 읽어야 비로소 독서를 한다고 말을 할 수 있기 때문이다. 한 장이라도 책을 읽으면 읽은 것이다. 그것이 바로 독서의 시작이다.

우리가 독서를 시작했다면 오랫동안 유지하기 위해 어떠한 노력을 해야 할까? 바로 우리 자신을 한번 돌아봐야 한다. 그래야 무엇을 원하는지에 대해 알 수가 있기 때문이다. 우리가 원하는 것을 돌아보는 일이 중요한 이유는 그래야 우리가 책을 읽기 시작할 때 흥미를 붙일 수 있기 때문이다.

흥미를 붙이는 책을 찾는 방법은 이렇다. 만약에 평소에 좋아하는 것이 빵이라고 해보자. 맛있는 빵을 사 먹는 것도 좋아하지만 홈 베이킹을 통해 빵을 직접 만들어 먹고 싶다면 바로 홈 베이킹 책을 사면되는 것이다. 그러면 우리는 내가 관심 있고 좋아하는 분야의 책을 구매했기 때문에 책을 좀 더 친숙하게 대할 수 있고 무엇보다 책을 읽는 것이 재미있을 수밖에 없다. 내가 좋아하는 분야라는 점에서 지루하지 않기 때문이다. 그렇기에 나 자신이 무엇을 원하는지에 돌아보는 일은 참으로 중요하다.

내 인생의 전환점, 자기계발서를 만나다

과거의 나는 인생이 변화하길 진심으로 바랐다. 그래서 나는 내 안의 이야기들을 듣기 위해 노력했고 그 안에서 내가 무엇을 원하고 바라는지에 대해 알 수 있었다. 그리하여 나는 내가 원하는 것이 바로 자기계발이라는 것을 알게 되었다. 내가 인생을 멋지게 다시 살아보고 싶은 마음이 가득했기에 나의 마음을 채우는 데에도 자기계발 분야의 책이 너무 잘 맞는 것이다. 그래서 나는 자기계발 서적을 접한 뒤로 가슴이 뛰었다.

분명 그때 나는 독서를 하지 않는 독서 초보 상태임에도 불구하고 내 인생을 변화시켜 줄 책이라는 믿음이 있었다. 그렇기에 독서의 힘을 배우고 독서를 사랑하게 되었다. 지금 생각해보면 그때가 시작이었다. 그래서 나는 그때 자신을 돌아보고 원하는 좋아하는 분야의 책을 읽게 된 것을 행운이라고 생각하고 있다. 만약 그때 나 자신이 원하지도 않는 분야의 이야기를 내가 처음 접했더라면 나는 지금 이렇게까지 독서를 사랑하는 사람이 되지 않았을 거라고 생각한다. 그렇기에 항상 시작이 참 중요한 것이다.

많은 사람이 자기계발서라는 분야를 두고 어려운 분야라고 이야기한다. 하지만 독서 초보였던 나도 책의 내용이 어려운 것과는 관계없이 정말 즐겁게 읽었던 기억이 난다. 그렇기에 처음 독서를 시작할 때 어려운 책이든 쉬운 책이든 자신이 관심을 두고 있는 분야의 책을 읽었으면 좋겠다.

나는 나 자신이 원하는 분야의 책을 읽는 것이 마음속의 정답이라고 생각한다. 그렇기에 처음 독서를 시작할 때는 부담 없이 좋아하는 분야의 책으로 시작하면 되는 것이다.

그렇게 좋아하는 분야의 책으로 한 권씩 책을 읽다 보면 책이랑 조금씩 친숙해지고 있음을 느낄 것이다. 친숙해지다 보면 다른 분야의 책도 보고 싶어질 것이다. 모든 책이 사실은 다 연결되어 있기 때문이다.

인간의 삶 전체를 담아 녹여낸 것이 책이다. 모든 삶이 연결되어 있기에 좋아하는 분야부터 읽기 시작해도 다른 분야의 책으로 관심이 확장되는 것이다. 그러면서 자신이 몰랐던 또 다른 자신을 발견하게 되고, 다른 배움을 접한 뒤로 새로운 시야가 트이기도 한다. 그렇게 독서의 즐거움을 느끼며 성장하게 되는 것이다.

뭐든지 남들이 읽어야 한다고 주장하는 책부터 읽을 필요는 없다. 뭐든지 꾸준히 성실하게 하는 것이 중요한 자세이다. 한번 읽고 흥미가 떨어져 지속하지 못하는 것보단 나는 오래 진득이 책을 읽으며 계속 성장할 수 있는 삶이 더 가치 있다고 생각한다.

만약 좋아하는 분야의 책이라도 어려워서 흥미를 잃게 된다면 좋아하는 분야의 책을 여러 권 읽어 보길 추천한다. 처음부터 독서에 반하면 좋지만, 원래 뭐든지 첫눈에 반하기는 여간 어려운 일이 아니다. 그러니 처음부터 가독성과 흥미가 떨어진다고 실망하지 않았으면 좋겠다. 원래 처음부터 잘하는 사람은 없다는 사실을 기억하고만 있다면 독서를 할 때 심리적 부담감을 없애고 책을 읽을 수 있을 것이다.

나는 독서가 평생 함께 가는 가족처럼 꾸준하게 함께 하면서, 만나면 즐거운 친구처럼 우리 인생을 더욱 풍족하고 재미있게 만들어 주었으면 하는 바람이다.

모든 일에서 시작을 너무 어렵게 생각하지도 말고 고민하지도 말았으면 좋겠다. 그냥 자신의 마음을 듣고 뭐든지 시작했으면 좋겠다. 그리고 그 일 중에는 우리의 인생을 멋지고 아름답게 바꾸어 줄 독서도 있기를 바란다.

— 06 —

책을 읽고 SNS에 공유하라

> 인간에게 가장 중요한 능력은 자기 표현력이며
> 현대의 경영이나 관리는 커뮤니케이션에 의해 좌우된다.
>
> **- 피터 드러커 -**

독서의 유익함을 공유하는 재미에 빠지다

앞서 나는 모든 일을 시작하는 데 흥미를 느끼고 재미를 붙이는 일이 중요하다고 강조한 적이 있다. 그리고 그 일은 오랜 시간 꾸준히 즐길 수 있는 것으로 만들어야 한다고 강조한다. 그렇기에 나는 흥미와 재미는 정말 중요하다고 생각한다. 그래서 독서가 우리의 삶 속에서 꾸준히 사랑받기 위해 좀 더 재미있게 독서하는 방법에 대한 생각을 자주 하는 것 같다. 그렇게 생각해본 많은 방법 중에 나는 책을 읽고 SNS를 활용하는 방법을 추천하고 싶다.

요즘 사회에서 빠질 수 없는 것이 바로 소통이다. 그만큼 소통은 인간이 살아가면서 행복도를 높이는 데 정말 중요한 행동이다. 그리고 삶을 더 풍족하고 건강하게 만들기 위해선 소통을 빠뜨릴 수 없다. 또한, 현대 사회에서의 소통의 방법은 나날이 발전하고 있는데 그 방법은 SNS이다.

SNS(Social Network Service)라는 교호 네트워크 서비스가 발달하면서 우리 사회는 소통의 사회라고 불릴 만큼 소통이 활발해졌다. 그래서 전 세계 사람들과 언제 어디에서든 소통할 수 있는 사회가 되어버렸다. 이렇게 소통은 현대 사회에서 빠뜨릴 수 없는 필수 항목이 되어버렸다.

이렇게 영향력이 커진 소통 부분에서 제일 큰 영향력을 차지하는 것은 바로 앞서 언급했던 SNS이다. 그래서 우리는 SNS를 하지 않으면 인간관계에서도 소외를 당하는 부분이 없지 않아 있다. 그만큼 우리의 삶 속에 큰 영향을 끼치고 있다. 그래서 우리의 일상생활에 자연스럽게 녹아 있는 SNS를 잘 활용하면 독서뿐만 아니라 우리가 삶을 살아가는 모든 방면에 좀 더 도움을 줄 수 있겠다는 생각을 하게 되었다. 그래서 나도 독서를 할 때 SNS를 자주 활용하는 편이다.

원래는 독서를 할 때 혼자 나만의 공간에서만 독서를 하고 말았는데 어느 날 독서를 하다가 책 속에 담겨 있는 멋있는 명언을 보게 되었다. 그 명언은 바로 샤를 드골의 "할 수 있다고 믿으면 그렇게 되고, 할 수 없다고 믿어도 그렇게 된다."라는 명언이다. 나는 이 명언을 듣자마자 매우 멋지다고 생각했고 자극을 받게 되어 이 좋은 명언을 친구들에게 공유하고 싶다는 생각이 들었다. 그리고 그 생각을 하자마자 바로 SNS에 공유하게 되었다.

나는 내가 좋고 모두가 봐줬으면 하는 마음으로 가볍게 올린 것이었는데 생각보다 친구들 반응이 매우 좋아서 놀랐다. 한 친구는 나에게 "와, 이 말 진짜 멋있다. 나 자극받았어."라고 말했다. 또 다른 친구는 "나도 할 수 있다고 믿을래."라며 자기 생각을 말해주었다. 친구들이 좋아해주니 정말 신이 났다. 내가 좋아서 올린 구절이 누군가에게도 와닿고, 남들도 내가 좋아하는 것을 인정해준다는 것이 매우 좋았기 때문이다. 나는 그 일을 계기로 독서할 때 SNS를 적극적으로 활용하는 사람이 되었다.

내가 독서를 할 때 SNS로 재미를 느끼며 공유하는 방법을 이곳에 적어보려고 한다. 우선 내가 자주 사용하는 방법 중 하나는 책을 읽으며 좋은 구절을 사진을 찍는 것이다. 이렇게 찍은 구절을 SNS에 공유하는 것이다. 그러면 내가 언제든지 좋았던 구절을 다시 꺼내어 볼 수 있고 친구들의 생각을 들으며 같이 소통의 재미도 느낄 수 있다. 그리고 두 번째 방법은 SNS에 기록하는 것이다. 독서할 때 느끼는 생각을 적어서 공유하거나 서평을 적어서 올리는 것이다. 나만 보는 것보다 다 같이 보는 공간에서 다른 사람의 서평이나 생각도 읽고 내 생각도 같이 공유하며 SNS에 기록하는 것은 굉장히 매력적이라고 생각한다.

SNS를 통해 김승호 회장님께 마음을 전하다

나는 책을 읽고 SNS에 생각을 기록하고 공유하는 것을 즐기는데 이 방법을 통해 너무 행복하고 감사했던 일화가 있어서 적어본다. 나는 스노우 폭스의 대표 김승호 회장님의 팬이다.

김승호 회장님을 좋아하게 된 계기가 있다. 회장님도 외식업으로 큰 성공을 하신 분이기에 나는 외식업을 운영하면서 회장님의 책 내용에 많이 공감했고 위로를 많이 받았다. 그리고 무엇보다 선한 영향력으로 세상에 사랑을 나눠주시는 분이라 멋있고 닮고 싶은 분이라고 생각했다.

최근 김승호 회장님의 신작인 『돈의 속성』이라는 책을 읽었는데, 책을 읽고 감명을 받아 개인 SNS 공간에 회장님께 편지를 쓴 적이 있다. 그런데 김승호 회장님이 나의 편지를 읽고 응원의 댓글을 달아주셔서 너무나 행복하고 정말 감사했던 기억이 있다. 그때 회장님께서 해주신 응원의 말씀은 나의 가슴 속에 남아 큰 힘이 되어주었다. 지금도 그때의 일화를 생각하면 가슴이 따뜻해지고 행복한 일화로 기억이 남는다.

김승호 회장님께서도 독서를 삶의 가장 좋은 도구라고 믿는다는 말씀을 하셨다. 이처럼 독서의 중요성은 세상을 이끄는 지도자들을 통해서 이미 증명된 사실이다.

SNS 공간에서 소통하는 것의 힘은 엄청나다. 내 생각과 마음을 담아 적은 글이 우리나라를 빛내는 회장님께 닿을 수 있는 기적 같은 일이 가능한 곳이기 때문이다. 그래서 나는 독서를 할 때 최대한 SNS를 많이 활용하기를 추천한다.

무엇보다 나만의 공간이 아닌 친구들과 지인들이 보고 있다는 사실만으로도 자극을 받아 독서를 실천할 가능성이 커지기 때문이다. 어디를 가든 간에 나 혼자 가는 것보다 함께 갈 때 목적지에 더 빨리 도착할 가능성이 크다고 한다. 나는 그러기에 SNS라는 공간을 활용하여 다 같이 함께 가는 방법을 추천한다.

나는 그래서 책을 읽을 때 좋았던 부분들을 찍어서 공유도 하고 책을 읽고 서평을 쓰기도 하면서 SNS를 최대한 활용하려고 노력하는데 내가 직접 SNS를 활용하면서 좋았던 부분은 우선 친구들이 공감을 많이 얻게 되었다는 점이다. 내가 책을 읽고서 공감하는 부분은 나의 친구들에게도 공감되는 부분이 많다. 나와 같은 나이이기에 내가 와닿은 부분은 다 같이 와닿은 것이다. 그래서 친구들에게 위로를 받았다. 좋은 구절을 공유해줘서 고맙다는 인사를 전해 들을 수 있어서 너무 행복했다. 내가 책을 읽고서 공유하는 것만으로도 친구들에게 위로가 될 수 있다는 사실이 너무 매력적으로 느껴졌다.

매일같이 독서를 하면서 책을 찍어 올리고 서평도 자주 올렸는데, 내가 책을 매일 열심히 읽는 모습을 보면서 책에 관심이 없던 친구들까지도 책이 읽고 싶어졌다는 연락을 받게 되었다. 자기는 책 원래 안 사는데 서점에 갔다가 내가 독서를 열심히 하는 모습이 떠올라서 책을 구매했다는 것이다. SNS에 책을 공유하는 일만으로도 내가 지인들에게 좋은 영향을 줄 수 있는 사실이 매우 기쁘고 감사했다.

이처럼 SNS를 활용한 독서는 생각지도 못한 기쁨을 선물할 수도 받을 수도 있는 좋은 독서 방법이다. 이 방법을 통해 타인의 생각을 읽으며 동기부여도 받을 수 있고 또한 내가 타인에게 위로를 줄 수도 있다. 이렇게 SNS로 연결된 소통을 통하여 독서를 좀 더 즐겁게 할 수 있다는 건 참으로 감사한 일이라고 생각한다. 그렇기에 나는 독서를 할 때 SNS를 충분히 활용하여 독서를 즐겼으면 좋겠다.

나는 SNS를 최대한 활용하며 책을 읽은 뒤로 독서를 더 재미있게 할 수 있었던 것 같다. 재미를 느끼며 독서할 수 있다는 것은 정말 감사한 일이다. 그래서 나는 사람들이 독서를 할 때도 가볍게 즐긴다는 마음으로 임해서 읽었으면 좋겠다.

나도 그 누구보다 책을 어려워했던 시절이 분명 있지만, 지금은 책을 읽는 것을 정말 즐거워하는 사람이 되었다. 그래서 나는 처음 시작은 어려워도 누구나 꾸준히 책을 읽는다면 즐거운 마음으로 독서를 할 수 있게 될 것이라고 믿는다.

— 07 —

보물을 찾는다는 마음으로 읽어라

도서관을 뒤져보면
그곳이 온통 파묻어놓은 보물로 가득 차 있음을 알게 된다.

- 버지니아 울프 -

독서하며 얻은 3가지 보물

나에게 책은 보물 같은 존재이다. 그래서 나는 책을 보물이라고 자주 부른다. SNS에 책을 공유할 때도 보물이라는 말을 자주 써서 책을 표현한다. 이렇듯 나에게 책이란 값을 매길 수 없을 정도로 특별하고 가치 있는 것이다.

내가 책을 보물이라고 자주 표현하는 이유가 또 있다. 보물은 찾아야 내 것이 되기 때문이다. 그래서 그런 말도 있지 않은가? 보물찾기. 나는 이 말을 참 좋아한다. 그래서 나는 독서를 할 때 항상 보물을 찾는다는 마음으로 읽는다. 나는 독서를 하면서 실제로 나의 인생에 값진 보물들을 많이 찾게 되었는데 내가 책들로 만난 보물들은 수도 없이 많지만 그중 제일 값지다고 생각한 보물들로 3가지를 뽑아보았다.

첫 번째 보물은 나 자신이다. 나는 독서를 통해 다시 태어났다. 나는 독서를 만나기 이전에 불행한 삶을 살고 있었다. 그러나 이제 독서를 만나 행복한 삶을 살고 있다. 더 나아가서는 독서를 통해 계속 성장하고 발전하는 사람이 되어가고 있다. 그래서 나는 독서로 만난 제일 값진 보물을 나라고 생각한다. 난 이 계기로 나를 아껴주고 사랑해주는 사람이 되었다. 독서를 통해 자존감을 기르고 마음의 안정을 찾았다. 그리고 마음의 상처도 독서가 따뜻하게 안아주었다. 결국 독서는 나 자신에게 감사하는 삶이라는 최고의 보물을 선물해준 것이다.

두 번째 보물은 바로 용기와 믿음이다. 나는 책을 통해 용기와 믿음이라는 보물을 찾고 만나게 되었다. 책을 읽을수록 책 속에서 만난 멋있는 멘토들은 나에게 모두 할 수 있다고 용기를 주었다. 그리고 언제나 믿어주고 나를 지지해준다. 이렇게 든든한 내 편을 찾게 해준 독서가 고맙고 감사하다. 나는 이들이 있어서 혼자 있어도 외롭지 않고 실패와 좌절의 순간에도 다시 일어서서 걸어갈 수 있는 용기를 배우게 되었다. 이 용기는 삶을 멋지게 살아갈 수 있는 멋진 보물이다. 나는 이 멋진 용기를 마음에 새기고서 주저하는 삶에서 도전하는 삶으로 삶의 태도를 바꾸게 되었다.

그리고 도전하는 삶의 태도를 지탱하고 꾸준히 나아갈 수 있게 해주는 힘은 바로 믿음이다. 나는 이 믿음으로 인해 자신감을 갖게 되었다.

세상은 눈에 보이지 않은 것을 눈으로 볼 줄 아는 능력이 필요하다. 눈으로 볼 수 없는 힘이 존재하기 때문이다. 믿음이나 용기만 해도 말로 표현할 순 있지만, 눈으로 보이지 않는다. 그렇기에 우리는 보이지 않는 그 아름다운 힘을 보는 능력을 키워야 한다. 그 능력을 기르기 위해서는 우선 믿어야 한다. 그리고 독서를 통해 세상을 보는 통찰력을 기르는 것도 참 좋은 방법이라고 나는 생각한다.

그리하여 나는 믿음에 대한 한 가지 확고한 생각을 가지게 되었는데 그것은 바로 믿겨서 믿는 것이 아니라 내가 믿으면 믿게 된다는 생각이다. 이 말을 잘 생각해보면 즉 믿음이라는 건 믿음이 가야 믿는다는 것이 아니라 내가 믿고 싶은 마음이 들으면 언제든지 믿을 수 있다는 말이다. 그리고 타인의 시선에 흔들리지 않고 믿음을 지킬 수 있다. 그렇기에 우리는 믿음이라는 가치를 새롭게 정의하고 삶에 대한 태도를 멋지게 바꿀 수 있다.

이 믿음이라는 가치를 통해 나의 인생을 더욱 아름답게 만들 수 있다고 나는 믿는다. 그래서 나는 독서로 세상을 바라보는 통찰력을 기르고 그 통찰력을 통해 만난 용기와 믿음이라는 보물을 가슴에 새기고 매일 행복하고 감사한 삶을 살고 있다. 이 가치들을 만나게 되면서 살아가는 것이 두렵기보다는 즐겁게 느껴지게 되었다.

마지막으로 가장 가치 있다고 생각하는 보물은 바로 사랑이다. 사랑은 이 세상을 감싸는 가장 큰 힘이라고 나는 생각한다. 사랑이 있어 이 세상이 아름답고 비로소 빛나는 것으로 생각한다. 나는 책을 통해 사랑을 배웠다. 그것도 진정한 사랑의 의미를 깨달았다. 사랑은 온 마음을 다하는 삶이다. 이 세상 그 어떤 가치와 물질들이 중요하다 해도 사랑이 없다면 아무 의미가 없다.

책은 나에게 너무 소중한 가치를 알려주었다. 삶을 사랑하며 살아가는 현재와 사랑을 모르던 과거의 나는 삶의 행복도가 틀리다. 사랑을 배우고 느끼며 살아가는 지금이 제일 행복하고 다가올 미래는 더 행복할 거라는 생각을 하고 살게 되어 너무 감사하게 생각하고 있다.

책을 읽을 때마다 만나는 소중한 보물들

책은 나에게 너무나 소중한 가치들을 가르쳐준다. 이 가치들은 그 어떤 것으로라도 바꿀 수 없다. 값을 매길 수 없는 아주 소중한 가치들이다. 나의 삶을 아름답게 만들어준 책을 만나 나는 인생이 행복해졌다. 정말 보물을 찾은 듯이 나의 인생을 멋지게 되찾았다.

그래서 나는 항상 멋진 보물을 찾는다는 마음으로 열심히 책을 읽는다. 친구들에게도 책을 읽을 때면 '나 보물 수집 중이다.'라고 이야기를 할 정도로 나는 책을 읽을 때 정성스럽게 읽는다. 그러면 마치 책이 나의 정성을 담은 마음을 느끼는지 멋진 보물들을 선물해준다. 그래서 내가 애정하는 이 방법을 추천한다. 일단 책을 읽을 때 마음가짐이 달라진다. 책을 읽는 순간을 즐기게 될 것이다.

보물을 찾는다는 과정 자체가 마치 추억의 놀이 같기도 하면서 특별하고 재미있게 느껴지지 않은가? 그렇기에 책을 읽으면서 '나는 보물을 찾겠어.'라는 마음으로 읽으며 좋은 구절을 찾으면 정말 좋은 것들을 찾을 수밖에 없다. 사람은 생각한 대로 행동하기 때문에 우리가 이 마음을 갖고서 책을 읽으면 참으로 행복한 마음으로 책을 읽게 될 것이다.

책을 읽을 때마다 수많은 보물을 만난다. 그 보물들은 나의 인생의 길잡이가 되어주고 힘이 되어준다. 내가 책을 만나지 않았다면 나는 아마 지금처럼 감사하는 삶을 살지 못했을 것이다. 책을 만나 나는 매일 기적 같은 삶을 살고 있다. 그 정도로 책은 나에게 너무 소중하다.

나는 삶의 의미가 희미해지거나 방황하고 있는 사람들이 있다면 책을 꼭 읽어보라고 추천해주고 싶다. 그래서 조금이라도 힘든 마음이 치유되기를 바라는 간절한 마음이다.

마음이 아프면 정말 삶이 힘들다. 마음이 아픈 것만큼 아픈 것도 없다. 왜냐면 마음은 만질 수도 눈으로 볼 수가 없다. 그래서 내 마음이 지금 얼마나 아프고 힘든지 가늠할 수 없다. 그렇기에 보이지 않는 마음을 들여다보고 보는 힘을 길러야 한다. 그래야 마음을 건강하게 지킬 수 있다.

마음이 아프면 삶이 무기력해지고 아무것도 하기 싫어진다. 그렇기에 무엇을 다시 시작하고 일어나려면 마음부터 건강해져야 한다. 무턱대고 마음이 아픈데 시작하다가 넘어지면 끝도 없이 일어나기 힘들어진다. 그렇기에 우리는 마음을 들여다보고 마음을 지킬 수 있는 사람이 되어야 한다.

나는 이 세상 모든 사람이 마음이 건강하여 행복한 삶을 살기 바란다. 우리는 유익한 것들을 찾고 소중한 것을 지키며 살아야 한다.

사실 책을 읽으며 보물을 찾기 이전에 우리 인생 여정 자체가 보물찾기이고 우리의 모든 순간이 보물이라고 먼저 생각해 주었으면 좋겠다. 그 안에 만나는 보물 같은 아름다운 삶을 더불어 살아갈 수 있다는 것은 큰 축복이라고 생각한다. 그리고 우리는 매일 감사하고 소중한 삶을 살고 있다. 이 아름다운 삶을 함께 살아가면서 만나는 모든 순간, 보물의 감사함을 오늘부터 느끼며 살아가면 어떨까 생각한다. 분명히 이 마음을 느끼고 살아간다면 우리의 삶이 편안하고 아름다워질 것이라고 믿는다.

삶은 정말 아름다운 것이다. 이 사실을 알고 살아가느냐, 모르고 살아가느냐의 차이일 뿐이라고 나는 생각한다. 과거의 나는 모르고 살았기에 불행했지만, 지금의 나는 누구보다 잘 알기에 행복하다고 말할 수 있다. 모두가 행복한 삶을 살아갈 수 있기를 진심으로 바란다. 행복한 삶을 살아갈 수 있다는 것만큼 감사한 삶은 없는 것 같다.

— 08 —

좋았던 부분은 밑줄 치고 필사하며 읽어라

> 인간은 스스로 믿는 대로 된다.
>
> **- 안톤 체호프 -**

책은 사랑으로 더럽혀야 한다

책을 읽을 때 가장 효율적이고 좋게 읽는 방법이 무엇인지 아는가? 그것은 바로 책을 밑줄을 그어가며 나만의 지식으로 만들어가는 방법이다. 많은 사람이 책을 읽을 때 밑줄을 긋지 않고 책을 읽는데 나는 그 방법은 추천하고 싶지 않다. 책을 읽는 이유는 무엇인가? 책을 통해 얻는 깨달음을 삶에 적용하기 위해서이다. 그 가르침을 오래 기억에 남고 적용하기 위해선 책을 읽을 때 집중과 몰입이 필요하다. 그 안에서 우리가 좋았거나 가슴을 울리는 구절

등 많은 부분을 밑줄을 그어가며 읽어야 한다. 그래야 오래 기억할 수 있기 때문이다.

대부분 사람들은 책을 읽고 나서 시간이 지나면 내용을 기억하지 못한다. 보통 한번 읽는 책은 반복해서 읽지 않기 때문이다. 그렇기에 독서를 하면서 좋은 책의 경우 반복하여 여러 번 읽는 것을 추천하지만, 반복해서 읽는 것은 사실 쉬운 일이 아니다. 그러므로 나는 반복하여 읽을 수 없다면 꼭 밑줄을 쳐가면서 독서하기를 추천한다.

밑줄을 치면서 독서를 하면 좋은 점은 내가 마음에 들었던 책의 내용을 오래 기억할 수 있다는 것이다. 다시 책을 반복하여 읽게 되었을 때도 밑줄이 그어져 있으면 다시 한 번 더 깊게 볼 수 있다. 그렇게 여러 번 반복이 되면 완전한 나의 지식으로 흡수될 수 있다.

과거에 나는 책을 읽을 때 책을 깨끗하게 읽었다. 새 책이 더러워지는 게 싫었기 때문에 책에 밑줄이나 필기를 할 생각을 하지 못했다. 그래서 항상 이렇게 독서를 하니 나중에는 기억하고 싶었던 책의 내용이 기억이 나지 않아 다시 책을 찾아 읽게 되었는데 그 부분을 다시 찾아 읽기란 여간 어려운 일이 아니었다. 그래서 그때 나는 깨달았다.

'아, 많은 독서 고수들이 독서 할 때 밑줄을 그으며 책을 더럽히라는 말이 이유가 있었구나.'

누구나 책을 효율적으로 읽는 방법에 대해 모르기 때문에 처음엔 서툴기 마련이다. 나 역시 독서를 시작할 때 무작정 책을 읽기에 바빴다. 나는 오랫동안 많은 시행착오를 거친 끝에 지금의 독서법을 만나게 된 것이다. 그 후 나는 독서를 할 때 기억하고 싶은 문장과 중요하게 생각하는 부분, 좋았거나 마음에 와닿았던 부분에 밑줄을 그어가며 독서를 하게 되었다.

밑줄을 그어가면서 책을 읽으면 좋은 점은 내가 이 책에서 어떤 부분들이 좋았는지 한눈에 파악할 수 있다는 점이다. 그리고 다시 책을 읽었을 때 효율적으로 좋았던 부분들을 손쉽게 다시 읽을 수 있다.

책을 읽을 때 눈으로 한 번 읽고 밑줄을 그어가며 한 번 더 읽게 되면 최소 2번은 반복해서 읽게 된다. 아무래도 중요한 부분에 있어 밑줄을 그어가며 책을 읽는 방법은 좀 더 머릿속에 기억이 남을 수 있게 도와주는 방법이라고 생각한다.

그리고 무엇보다 중요한 부분을 한눈에 요약 정리해준다는 것도 참으로 큰 매력이라고 생각한다. 그렇기에 나는 책을 읽을 땐 깨끗하게 읽기보다는 머릿속에 오래 담을 수 있게 책을 더럽히며 읽는 것이 참으로 좋다고 생각한다.

그리고 독서를 할 때 직접 좋았던 부분을 손으로 필사하는 것도 추천한다. 필사하면서 독서를 하면 그냥 책을 읽는 것보다 효과적으로 독서를 할 수 있다. 직접 손으로 책 내용을 종이에 쓰면 내가 책을 읽으며 얻은 지식을 머릿속에 더 오래 기억하기 쉽다. 무엇보다 필사는 정성이 없다면 할 수 없는 독서법이기에 필사를 하는 만큼 효과가 있다고 생각한다. 뭐든지 정성이 들어가는 일에는 그만큼의 성과가 온다고 믿는다.

필사하며 가슴에 새기고 특별한 책으로 만들다

나 역시 독서를 할 때 필사를 애용하는 편이다. 정말 좋았거나 오래 기억하고 싶은 부분들을 직접 기록함으로 통해 나의 마음속에 다시 한 번 새기는 것이다. 내가 읽는 수많은 책 중에서도 필사로 기록되는 책은 내게 정말 특별한 책이다. 필사를 하는 책은 그만큼의 애정을 더 쏟을 수밖에 없다. 애정을 담은 만큼 나의 마음속에 더 와닿고 더 오래 기억할 수 있는 것 같다. 그래서 나는 정말 오래 기억하고 싶거나 마음속에 새기고 싶은 부분을 필사하는 편이다.

요즘에는 필사할 수 있게 기록할 수 있는 여백과 함께 나오는 필사 책이 있는데 직접 기록하고 필사하는 것이 어렵다면 필사를 할 수 있는 형태의 책을 구매해서 필사를 직접 경험해보고 느껴보는 것도 하나의 좋은 방법이라고 생각한다.

나는 필사를 하며 독서를 하는 것이 얼마나 좋은지 모르는 사람이었던 터라 필사할 수 있는 형태의 책부터 필사하기 시작했다. 그 책은 바로 나의 스승인 김태광 작가의 『100억 부자의 생각의 비밀 필사 노트』이다. 이 책으로 처음 필사를 접하게 되었는데, 직접 경험해보고 그 효과가 엄청나게 좋다는 것을 깨닫게 되었다. 그 뒤로 나는 필사를 애용하게 되었다. 필사하던 중 정말 와닿았던 말이 있다.

'인생은 시간이다. 시간은 강물처럼 쉼 없이 흐른다. 우리는 죽음을 향해 째깍째깍 달려가고 있다. 우리에게 주어진 시간은 얼마 되지 않는다. 남아 있는 시간 동안 무엇을 할지, 무엇을 하지 말아야 할지 결정해야 한다. 무엇을 할지 결정했다면 한정되어 있는 시간과 잠재력을 발휘하는 데 방해가 되지 않는 길을 택해야 한다. 당신은 최고의 성능으로 질주하기 위해 태어난 슈퍼카라는 것을 잊지 말아야 한다.'

나는 이 글을 읽으며 전율이 돋았는데 내 손으로 필사하며 한 번 더 읽으니 그때의 감정을 잊을 수 없다. 내 안의 열정을 타오르게 하는 엄청난 글이었다. 정말 스승님의 말씀처럼 모두의 인생이 슈퍼카라는 사실을 잊지 않았으면 좋겠다.

생각이 많은 날이나 정리가 안 되는 유독 심란한 날이 있을 것이다. 그럴 때 나는 필사를 하며 독서를 하는 것을 강력히 추천한다. 필사하면 오로지 그 책의 내용에 집중하여 책을 기록하기 때문에 잡생각이 나지 않는다. 무엇보다 눈으로 읽고 손으로 기록하며 다시 한 번 읽기 때문에 필사를 하는 동안은 책의 내용을 계속 집중하며 읽을 수밖에 없다. 그리고 좋았던 부분을 골라 필사를 하는 것이기 때문에 깊은 감동을 주는 것이다.

내가 필사를 해가며 독서를 한 책은 애정이 더 깊게 느껴지게 된다. 그래서 필사를 한 책들을 더 오래 기억하고 마음에 깊이 남을 수 있는 이유인 것 같다. 독서뿐만이 아니라 많은 공부법에서도 밑줄 긋기와 필기는 공부의 기본이자 필수 항목으로 여겨진다. 이 방법은 모두에게 인증받고 검증된 핵심 공부법 중 하나이기에 지금까지 많은 사람에게 사랑받고 있다. 나는 이 공부법이 독서를 할 때 밑줄을 긋고 필사를 하는 독서의 방법과 같다고 생각한다.

이처럼 효과적인 독서를 위해서는 밑줄과 필사를 하며 책을 읽는 것이 중요하다고 생각한다. 그냥 책을 읽는 것도 참 좋지만 오래 기억에 남게 책을 읽는 것도 참 중요하다고 생각한다. 오래 기억에 남는 독서일수록 성공한 독서이기 때문이다.

아무리 책을 많이 읽는다 해도 기억하지 못하면 아무런 소용이 없다고 생각한다. 기억해야 실천을 하고 실행을 할 수 있기 때문이다. 기억하기 위해선 머리와 마음속에 남아야 한다.

그렇기에 우리는 책을 읽을 때 그냥 읽는 것에 그치면 안 된다. 반드시 책을 더럽히며 읽어야 한다. 책이 깨끗하면 내 것이 될 수 없기 때문이다. 책에 밑줄도 긋고, 밑줄을 긋다가 드는 생각이 있다면 그 밑에 필기도 했으면 좋겠다. 책에 기록할수록 나만의 지혜서가 되어가기 때문이다.

책을 읽는 것에 그치는 것이 아닌 나만의 생각으로 밑줄도 긋고 필기도 하면 그 책은 더 특별한 책이 된다. 그리고 책을 읽으며 정말 좋았던 부분은 정성을 담아 필사를 해서 가슴속 깊이 남을 수 있게 해주면 좋겠다. 마음에 오래 남는 책일수록 소중할 테니 말이다.

나에게도 유독 정이 가는 고마운 책들이 많다. 나는 그 책들을 가슴에 담아두고 싶기에 필사를 앞으로도 꾸준히 할 생각이다. 효율적인 독서법이 있어 사람들이 더 재밌게 독서를 할 수 있다는 것이 기쁘다. 다양한 독서법을 활용하여 독서가 친숙하지 않은 이들에게도 책이 조금 더 친숙하고 재미있게 다가갔으면 좋겠다.

— 4장 —

보통
사람들을 위한
현실적인
독서법

— 01 —

책에서 배운 내용을 실천하라

시도하지 않는 곳에 성공이 있었던 예는 결코 없다.

- H. 넬슨 -

꿈을 죽이는 드림킬러들에게 벗어나야 한다

독서를 할 때 아무리 깨달음을 많이 얻는다 해도 실천하지 않으면 아무 소용이 없다. 행동으로 이어지지 않는다면 아무리 좋은 해답을 얻는다 해도 결코 상황이 나아지지 않을 것이다. 이처럼 실천은 매우 중요하다. 실천하지 않는 삶은 아무 일도 일어나지 않는다. 원하는 꿈도 이루려고 실천하지 않는다면 꿈을 이룰 수 없다. 그렇기에 실천은 매우 중요하다. 실천이라는 말이 어렵게 다가올 수도 있겠지만, 생각의 전환을 해보자. 실천만 하면 우리의 인생이 배움을 토대로 변할 수 있다는 믿음을 가져보는 것이다.

책은 나에게 스승이자 인생의 멘토이다. 책들은 나에게 내가 배울 수 없고 직접 경험해보지 못한 것들을 아낌없이 가르쳐주고 사랑을 베푸는 그런 존재이다. 나는 단연코 책이 없었다면 지금의 나로 성장하지 못했을 것이다. 그리고 배우는 내용에서 그치는 것이 아닌 그 내용을 실천하지 않았다면 아무 일도 일어나지 않았을 것이다. 나는 책에서 배운 내용을 실천하는 사람이었기에 크게 변화할 수 있었다. 과거의 실천 크기가 작았다고 해도 그 작은 실천들이 모여서 나의 인생을 크게 변화시킬 수 있었다.

모든 일에는 인내를 가져야 한다. 한 번에 변화하지 않는다고 해서 쉽게 포기해서는 안 된다. 내가 살면서 만들어놓은 나쁜 습관들을 한번에 끊어내고 좋은 습관으로 바뀌는 일은 쉬운 일이 아니다. 하지만 그냥 마음먹으면 시작하면 된다. 여태까지 나는 그랬다. 아무리 내가 멀리 간 듯한 느낌이 들어도, 너무 멀어서 '다시 돌아와서 시작할 수 있을까?' 하는 두려움이 들어도 그냥 시작하면 되는 것이다. 두려워하지 않았으면 좋겠다. 나는 모든 것이 두려운 사람이었지만 그래도 시작하니 조금씩 변화하는 삶이 너무 신기하고 감사했다. 그러니 지금 당장 무엇을 변화시키고 싶다면 그냥 시작하면 된다.

우리는 우리의 생각보다 훨씬 강한 존재이다. 정작 본인들은 그 사실을 잘 깨닫지 못한다. 그러나 당신이 이 책을 읽었다면 이제 자신이 강한 존재라고 생각하게 될 것이다. 그러니 무엇인가 변화를 원한다면 시작해보라. 할 수 있다는 믿음을 가지고 한 발짝 걸음을 떼어서 나아가보는 것이다. 그러면 그 걸음이 하나씩 모여서 원하는 것을 성취할 수 있을 것이다.

실천에 앞서 시작이 두려운 이유는 다양할 것이다. 그중 두려운 이유는 다들 비슷할 것으로 생각한다. 사람들이 무너지고 두려워하는 이유는 다 비슷하기 때문이다. 나의 지인도 시작에 앞서 이러한 이야기를 나에게 털어놓은 적이 있었다.

"이제는 새로운 도전을 할 때 사람들에게 시작한다고 이야기도 못 하겠어. 대부분 내가 새로운 일을 한다는 것에 비관적이야. 그리고 현실적인 조건을 이야기하면서 늦었다는 식으로 이야기하니까 시작도 하기 전에 기운이 빠져서 하기가 싫어. 그 뒤로는 시작할 때 사람들에게 이야기를 안 하게 되는 것 같아."

나는 지인의 말에 너무 공감했다. 나도 '내가 할 수 있을까?' 하는 두려움보다는 나의 주변 사람들이 나를 어떻게 생각할지가 더 무섭게 느껴지는 시절이 있었다. 이 이야기는 많은 사람이 공감할 것이라고 나는 생각한다. 요즘에는 자기 일을 타인이 더 많이 신경 써주는 느낌이 들기도 하는 사회이기 때문이다. 나는 남을 생각해줄 때 타인을 비관하기보다는 응원해주는 마음이 가득했으면 하는 바람이다.

과거의 나의 경우 무엇을 시작한다는 말을 하면 나의 주변 사람들은 나에게 할 수 없다는 이야기를 자주 했다. 살이 많이 쪄서 다이어트를 시작하고 싶다는 이야기를 했을 때도 그랬다. 나는 정말 간절한 마음으로 이야기를 했는데 며칠이 지나지 않아 친구에게 충격적인 소식을 들었다. 사람들이 나의 다이어트가 얼마나 갈지 내기를 했다는 이야기였다. 그 말을 듣고 너무 속상했던 기억이 난다. 그때 삶을 포기하고 싶었을 만큼 힘들었기 때문에 나의 생사가 걸린 다이어트 문제에 돈 내기를 했다는 사실에 너무 상처를 받았다.

나를 응원해주는 사람과 행복한 삶을 선택하다

세상 사람들은 나에게 응원의 목소리를 주는 사람과 무엇을 하든 나를 비관하는 사람, 두 부류로 나뉠 것이다. 우리는 누구의 목소리를 들을지 선택할 수 있다. 당신은 누구의 목소리를 듣고 싶은가? 나는 당연히 전자다. 어느 순간에나 나를 응원해주고 믿어주는 사람들을 선택할 것이다.

선택하는 것은 우리의 몫이고 자유다. 주변 사람들이 아무리 비난하고 비판의 목소리를 들려주더라도 그 사람들은 나의 인생을 대신해서 살아 줄 수 없다. 그래서 나는 과거에 나를 비판하는 사람들에게 흔들리고 상처 입었지만, 지금은 흔들리지 않는다.

그리고 나를 비난하는 사람들은 나의 지인이 될 사람들이 아니다. 정말 진심이 담긴 조언으로 비판하는 것은 감사의 마음으로 듣겠지만, 과거에 그랬던 것처럼 그냥 나 자신의 존재를 부정하고 비꼬는 사람들은 지인이라고 말할 자격이 없다고 생각한다. 가면을 쓴 인간관계라고 생각한다.

수많은 인간관계를 위한 책을 보면 그 안에 공통적인 말이 있다. 부정적으로 나를 비난하는 사람들을 경계하고 멀리하라는 것이다. 그런 사람들은 우리의 멘탈을 쥐고 흔든다. 그 사람들에게 흔들릴 필요가 이제는 없는 것이다.

과거의 나는 무엇을 시작하고 싶어도 주변의 눈치 때문에 나의 마음을 무시하고 놓친 기회들이 많다. 근데 놓친 것은 그 사람들이 나를 비판해서 놓친 것이 아니라 내가 놓친 것이다. 선택은 내가 했기 때문이다. 이처럼 선택은 오로지 나의 몫이다. 누구를 탓할 이유가 없다. 그래서 후회를 해도 소용이 없다. 후회한다고 해서 달라지는 것은 하나도 없기 때문이다.

인간은 지금을 살아가지 않는다고 한다. 과거를 그리워하고 과거를 후회해 다가올 현재를 바라보기보다는 과거에 갇혀 살아가는 존재가 많다고 한다.

이 말을 들었을 때 나는 잠시 생각을 했다. 바로 나의 이야기 같다는 생각이 들었기 때문이다. 그래서 슬픈 기분이 들었다. 나 자신과 같이 살아가는 현재, 그리고 다가올 미래에 정말 미안했다.

나는 그 뒤로 다짐한 것이 있는데, 과거를 바라보며 사는 사람이 되지 말자는 것이다. 과거에 매여 있는 사람은 발전할 수 없다. 앞으로 나아가서 현재를 살아가야 지금의 삶이 변화할 수 있다. 그래서 나는 후회스러웠던 과거도 후회하지 않기로 생각했다. 그리고 내가 추구하는 감사하는 삶처럼 감사의 마음으로 바라보기로 노력했다. 과거가 있기에 지금의 내가 있는 것이라고 한다. 내가 만약에 과거의 상처를 겪지 않았다면 나 자신을 이렇게 성장시킬 수도 없었을 것이고 지금 내가 살아가면서 감사하게 여기는 가치들을 느끼며 살아갈 수도 없었을 것이다.

현재 나의 주변 사람들 중 나에게 의지하고 있는 많은 사람들이 내게 해주는 말이 있다. 나를 만나 행복을 배우고 행복해졌다는 말이다. 내가 친구에게 들었던 감동의 말이다. 나는 과거의 아픔을 겪은 뒤로 인간관계의 소중함을 더 많이 깨닫게 되었는데 나를 믿어주는 사람들에게 힘이 되어주려고 노력한다. 그리고 내가 힘들었을 때의 마음을 느끼듯이 친구들이 힘든 상황이 오면 용기를 주려고 노력한다. 그래서 친구들에게 '넌 참 소중한 사람이야. 사랑해.'라는 말을 자주 해준다. 표현을 자주 하다 보니 친구들도 나에게 표현을 자주 해준다. 그러면서 이런 감동적인 말도 듣게 된다. 참으로 감사한 일이다.

뭐든지 두려움이라는 감정은 언제 어디서나 예상치 못하게 등장한다. 나도 긍정적인 사람이지만 두려운 순간이 있다. 그러나 두려운 감정은 그냥 두려운 감정일 뿐이다. 흔들리지 말고 앞으로 나아갔으면 좋겠다.

원하는 일이 있다면 그냥 도전해보고 실천했으면 좋겠다. 내가 책에서 배운 내용을 실천하지 않았다면 위와 같은 인생의 경험도 배우고 느끼지 못했을 것이다. 그러니 당장 실천해보는 것이다. 시작은 작더라도 그 시작이 우리의 인생을 아름답게 변화시켜줄 것이다. 나는 항상 그랬다. 작은 시작이라도 시작을 하니 어제의 우리보다 아름다운 삶이 되었다고 말이다. 그리고 지금도 매일 멋지게 변화하고 있다고 믿고 있다.

— 02 —

느낀 점과 생각을 여백에 기록하며 읽어라

생각을 집중해야 바라던 결과를 얻을 수 있다.

- 지그 지글러 -

기록을 통해 독서가 나를 변화시켰다는 것을 증명하다

책을 읽을 때 제일 중요한 것 중 하나가 바로 생각하는 것이다. 이것을 바로 사색이라고도 하는데 사색의 뜻은 어떤 것에 대하여 깊이 생각하고 이치를 따짐이다. 이처럼 우리는 책을 읽고 생각을 꼭 해야 한다. 그냥 책만 읽으면 사람이 책을 읽는 것이 아니라 기계가 책을 읽는 것이나 마찬가지다. 우리는 생각을 할 수 있는 존재들이기에 책을 읽고 생각을 하며 느낀 것들을 알 수 있어야 한다.

책을 읽을 때 생각이 중요한 이유는 참으로 많다. 우선 책을 읽고 생각을 해야 내가 발전하고 성장할 수 있다. 그냥 책만 읽고 아무런 생각을 하지 않는다면 그 책을 읽지 않은 것이나 다름이 없다. 그렇기에 우리는 책을 읽으며 꾸준히 생각해야 한다.

생각만 해도 물론 좋겠지만, 이 생각의 방법에 대한 효과를 배로 이끌어주는 방법이 있다. 그것은 바로 기록이다. 우리나라의 역사에서도 기록은 참 중요하다. 우리나라뿐만 아니라 세계의 모든 것이 지금까지 지혜롭게 발전을 할 수 있었던 것도 다 기록을 통해서 가능한 일이었다고 생각한다. 이처럼 기록은 매우 중요한 필수 항목이 되어버렸다.

그리고 우리 현대 사회는 신경 써야 할 것들이 너무 많다. 디지털 시대에 사는 우리는 매일 방대한 디지털 정보들과 만나며 살아가고 있다. 그렇기에 우리는 이 방대한 정보 사이에서 좀 더 효율적으로 살아가기 위해 기록을 습관화시켜야 한다. 이처럼 모든 일상생활에서 중요한 기록을 독서에도 꼭 적용해야 한다고 생각한다.

우리가 책을 읽고 그 당시에 생각하고 느낀 점을 모두 기억하기는 쉽지 않다. 물론 그 당시에는 그 느낌과 감정이 생각나겠지만 분명 하루 이틀만 지나도 그때의 정확한 감정과 느낌, 생각을 다 기억하지 못하게 될 것이다. 그렇기에 독서를 할 때 기록을 하는 것이 필수다. 그래야 내가 다시 책을 꺼내 들었을 때 책을 읽으며 '내가 이런 생각을 했구나. 이런 구절 보며 이런 감정을 느꼈구나.' 하고 생각할 수 있기 때문이다.

그리고 보통 책을 읽으면 그 생각에서만 그치는 것이 아니라 누구나 자극을 받고 배움을 얻어간다. 그것이 책이 주는 큰 장점이라는 것을 나는 알고 있다. 책을 읽고 한 생각과 느낀 점은 단순한 생각을 담기보다는 나를 일으키고 발전시키는 생각일 것이다. 그렇기에 그 생각을 바라보며 우리는 그때의 배움을 우리 안에 흡수시켜서 나 자신을 발전시키면 되는 것이다.

책을 읽을 때 노트나 공책, 이런 필기할 수 있는 수단까지 마련해서 생각을 적으면서 독서를 하면 좋겠다는 이야기를 하면 대부분의 사람은 이 일이 생각보다 실천이 쉽지 않다고 생각한다. 그렇기에 나는 책 안에 있는 여백들을 활용하라고 자주 이야기를 한다. 그 책의 여백을 이용하여 생각을 기록하는 것이다. 이렇게 여백을 활용하면 공책이나 필기할 수 있는 수단을 굳이 마련하지 않아도 언제 어디서든 책을 읽으며 내 생각과 느낀 점을 기록할 수 있다.

나의 경우 원래는 독서 노트를 따로 마련하여 책을 읽었다. 그래서 그 독서 노트에 내 생각을 기록하고 적었다. 이 방법도 좋은 방법 중 하나라고 생각하지만, 나의 경우에는 이 방법이 맞지 않았다. 독서 노트를 깜박하고 안 들고을 경우도 있어서 당황했던 적도 있었고, 또한 독서 노트를 적고서 다시 읽었을 때 내가 그 책의 어떤 부분을 보고 이런 생각과 느낀 점을 적은 것인지 하고 기억이 나지 않는 것이다.

그때 나는 '아! 내가 지금 독서 노트에 기록하는 것을 책에 여백에 기록하면 어떨까?'라는 생각을 하게 되었다. 그 뒤로는 독서를 할 때 책의 여백에 내 생각과 느낀 점들을 기록하면서 책을 읽게 되었다.

여백에 기록하는 것의 장점은 편리하다는 것이다. 언제 어디서든 책만 있으면 노트가 없어도 언제든지 생각을 메모할 수 있는 점이 아주 마음에 들었다. 그리고 책을 다 읽고 나서 다시 그 책을 읽을 때 내가 어떤 부분을 보고 이렇게 느끼고 생각했는지 떠올라서 책을 읽는 것이 더욱 재미있게 느껴졌다. 그리고 떠오르는 생각을 그때마다 생각하고 기록하니 머릿속으로만 그렸던 생각들이 나의 글로 정리가 되어 한층 더 쉽게 이해가 되어서 좋았다.

그 이후 독서를 할 때마다 여백에 생각과 느낀 점을 기록하는 것이 습관이 되었다. 정말로 책은 더럽힐수록 내 것이 되어간다는 말에 공감한다. 책이 더러워질수록 내 생각과 느낌들이 많이 기록되어 있다는 것을 말해주기 때문이다. 그래서 나는 책을 깨끗이 읽는 것을 추천하지 않는다. 그냥 단순히 책만 읽으면 독서를 할 때 독서가 주는 좋은 영향을 배로 흡수하지 못하기에 나는 책을 읽을 땐 꼭 기록할 것을 강조한다.

시간이 지나서 과거에 읽었던 책들을 다시 꺼내 보았을 때 그때 기록한 생각들을 다시 읽으면 그때의 나와 지금의 내가 정말 많이 다르고 더 깊고 좋은 생각을 할 줄 아는 사람으로 변해 있다는 점을 느끼게 되어 정말 신기하다.

독서를 통해 나를 지켜주는 사람이 되다

과거의 나는 책에서 이렇게 행동하고 실천하라고 하는 방법들을 거의 모두 따라 하며 행동해야 했는데, 지금의 나는 책에서 하라는 행동들 대부분을 이미 생활에 녹여서 좋은 습관으로 만들어버렸다. 이제는 그 방법들이 이미 내 것이 되어 예전만큼 실천하지 않아도 된다는 부분이 매우 좋다. 그만큼 내가 독서를 통해 발전했다는 것이다. 과거의 내가 모든 것들을 바꿔야 했다면 지금의 나는 꾸준한 실천을 통해 좋은 습관으로 무장한 좋은 사람이 되었다. 그 안에는 생각이 큰 영향을 주었다고 믿는다.

뭐든지 사람은 생각한 대로 된다고 한다. 그래서 이 세상에 어떠한 질문을 던져도 사실 정답이 없다고 한다. 사람마다 생각이 다르고 관점이 다르기에 정답이 없고, 사람은 믿는 대로 된다고 한다. 나는 이 말을 들었을 때 크게 공감하였다.

과거에 내가 아프고 힘들었다 해도 타인이 주는 상처에서 나는 마음만 먹으면 벗어날 수 있었다고 생각한다. 내가 나를 미워하고 믿지 않았기에 다른 사람이 주는 상처에 나를 잡아 먹힌 것이다. 그 안에서 내가 나를 지킬 수 있는 사람이었다면 그렇게 아프지도 않았을 것이다. 그래서 이미 지난 일들을 원망하지 않는다. 그 누구도 이제는 밉지 않다.

타인을 미워하는 건 나만 손해라는 사실을 이제는 누구보다 잘 안다. 내 곁을 지켜주고 사랑해주는 소중한 사람들에게 행복을 주는 것만으로도 시간이 부족하기 때문이다. 과거의 나는 나를 불행한 사람이라고 생각하고 정의했기 때문에 삶이 불행했다. 하지만 지금 나는 나를 행복하고 감사한 사람이라고 다시 정의했기 때문에 지금 나의 삶은 매우 아름답고 감사하다.

이 모든 것이 다 생각하는 힘에서 나온 것들이다. 그래서 나는 느낌과 감정, 생각을 참으로 중요시한다. 생각에 따라 우리의 인생이 180도 바뀌기도 한다. 그 정도로 생각이 삶에 미치는 영향력은 엄청난 것이다.

자기 자신을 존중하고 배려할 줄 아는 사람이 좋은 생각을 할 수 있다. 그렇기에 나는 오늘도 좋은 생각과 배움을 얻기 위해 독서를 한다. 독서는 좋은 생각을 만들어줄 수 있는 정말 좋은 도구이다. 우리는 이 독서를 더 멋진 인생을 만들 수 있도록 잘 활용해야 한다.

아름다운 삶을 위한 생각을 하고 싶다면 지금 당장 독서를 시작하기를 추천한다. 그리고 그 안에서 배우는 지혜와 가르침들을 생각해서 여백에 기록하는 연습도 해보기를 추천한다. 그렇게 시작한 독서의 습관들이 모여 발전할 수 있는 멋진 자신이 될 수 있다고 나는 믿어 의심치 않는다.

— 03 —

완독해야 한다는 부담감을 버려라

희망은 잠자고 있지 않은 인간의 꿈이다.
인간의 꿈이 있는 한 이 세상은 도전해볼 만하다.
어떠한 일이 있더라도 꿈을 잃지 말자.
꿈을 꾸자. 꿈은 희망을 버리지 않는 사람에겐 선물로 주어진다.

- 아리스토텔레스 -

시간을 버는 발췌독을 익히다

이 세상에 존재하는 책은 셀 수 없을 만큼 많은 것을 모두 알고 있을 것이다. 지금 이 순간에 세상에 수많은 책이 발간되고 있다. 이처럼 이 세상에는 너무 많은 책이 존재한다. 우리가 죽을 때까지 책을 매일 읽어도 이 세상에 있는 모든 책을 읽고 죽는 것은 불가능하다. 그 정도 읽을 책이 많다는 것이다. 그렇기에 우리는 책을 읽을 때 좀 더 현명해져야 한다. 좋은 책을 골라 읽어야 하고, 책을 완독하는 부담감을 버려야 한다.

내가 좋은 책을 골라 읽어야 한다고 하는 이유는 이 세상에 책이 너무 많기 때문이다. 우리가 이왕 시간을 내서 책을 읽는다면 아무 책이 아닌 정말 내 인생의 도움이 될 좋은 책을 읽어야 한다고 생각한다. 이 세상에 좋은 책들이 있듯이 정말 별로인 책들도 존재하기 때문이다. 그래서 우리는 좋은 책을 찾아 읽는 능력을 길러야 한다.

이 기준은 남들이 좋다고 말하는 책의 기준이 아니다. 타인의 관점은 참고만 하되 나의 관점을 중심으로 둬야 한다. 그래야 내가 원하는 좋은 책을 찾을 수 있다. 그리고 나의 경험으로는 속마음에서 원하는 책은 보통 틀리지 않는다. 내가 무엇을 원하는지 나 자신은 알고 있기 때문이다.

원하는 책을 찾아 읽기 시작한다면 나는 완독을 해야 한다는 부담감을 버렸으면 좋겠다. 책을 꼭 다 읽어야만 책을 잘 읽은 것이 아니다. 한 줄이라도 내 맘에 와닿은 구절이 있다면 그 책을 읽는 것은 성공적인 독서라고 생각한다. 그렇기에 우리는 독서를 할 때 부담감을 떨칠 필요가 있다.

과거의 나도 독서를 할 때 완독하려는 고집이 있었다. 책을 처음부터 끝까지 읽어야 책을 잘 읽는다는 고정관념이 머릿속에 있었기 때문이다. 그래서 책을 꾸역꾸역 힘들게 읽었던 기억들이 떠오른다. 그때는 이 방법이 맞는다고 생각해서 책을 읽는 게 힘들게 느껴져도 억지로 붙들어 읽었다.

완독을 하는 습관이 왜 좋지 않냐면 부담감 때문이다. 물론 책을 읽을 때 책을 완독하며 읽는 것도 좋다고 생각한다. 나는 독서에서 옳고 그름이 없듯이 책을 책을 읽는다는 자체가 대단하다고 생각한다. 그렇지만 무엇을 하든 지나친 부담감은 독이 되기 때문에 이 부분에 관해 이야기를 하고 싶었다.

사람에게는 적당한 부담감은 득이 되지만 과한 부담감은 독이 된다. 그래서 나는 책을 읽을 때도 읽히지 않는 책을 완독해야 하는 부담감 때문에 붙들고 있을 필요가 없다고 말하고 싶다. 부담감으로 읽는 독서는 내가 앞으로 살아가면서 책을 읽는 습관을 만드는 데 방해 요인으로 자리 잡을 것이다. 그렇기에 우리는 독서를 할 때 이 부담감을 떨치고 책을 즐기면서 읽는 습관을 들여야 한다. 뭐든지 즐기면서 할 수 있다면 그 일은 정말 행복하다는 것을 증명하는 일이기 때문이다. 그렇기에 우리의 독서 습관을 즐기지 못하게 하는 부담감을 날려버릴 수 있어야 한다.

책을 읽으면 나와 맞지 않는 책을 만날 수 있다. 하지만 그건 당연한 소리이다. 세상에 책이 많은 만큼 다양한 성향의 사상과 가치관을 가진 작가들도 많다는 것이다. 많은 책 중에 나와 안 맞는 책이 있는 건 당연하다. 그러니 책을 읽다가 나와 맞지 않는 것 같다는 생각이 든다면 그 책은 과감하게 넘기고 다른 책을 읽는 것을 추천한다.

그리고 책을 읽으며 완독하기보다는 필요한 부분을 빠르게 찾아 읽는 발췌독을 추천한다. 발췌독으로 책을 읽으면 책을 빠르게 핵심 요약해서 원하는 것을 배우고 읽을 수 있는 독서의 방법이다. 나는 이 방법을 매우 애용하는데, 발췌독으로 책을 읽으면 시간을 줄일 수 있고 효율적으로 독서를 할 수 있다는 것이 매우 큰 장점이다.

나는 이 방법을 만난 뒤로는 완독하는 것보다 효율적인 독서에 집중하고 있다. 효율적인 독서를 하려면 우선 시간을 단축하며 독서를 할 수 있어야 하고 많은 내용 중에 이 책이 주는 교훈과 핵심을 정확히 파악할 수 있어야 한다. 그리고 이 책을 사색과 기록을 통해 온전히 나만의 지식으로 만드는 데 중점을 두는 것이 효율적인 독서의 방법이라고 생각한다. 이처럼 효율적인 독서를 한다는 것에 관점을 맞추면 자연스럽게 완독해야 하는 부담에서 벗어날 수 있다.

우리에게 시간은 그 무엇보다 소중하다. 그 어떠한 물질 가치를 지급한다고 해도 우리는 시간을 살 수 없다. 그만큼 우리 인생에서 시간은 매우 소중하다는 것이다. 우리가 매일 살아가고 느끼는 이 시간의 소중함을 결코 잊어서는 안 될 것이다.

많은 사람이 시간의 소중함을 잊어버린 채 시간을 낭비한다. 이 금쪽같은 시간을 활용한 독서에서도 우리는 최고의 효율로 독서를 할 줄 아는 사람이 되어야 한다. 그렇기에 우리는 계속 배워야 한다.

효과가 좋은 독서법에 대해 꾸준히 생각하다

나 역시 책을 다독하고 좋아하는 사람이지만 다른 독서법을 다룬 책들도 즐겨 읽는다. 그뿐만 아니라 시간 관리에 관한 책이든 인간 생활에 모든 것을 아우르는 지식을 내 머릿속에 배우려고 항상 노력한다. 그 이유는 꾸준히 배워야 성장하고 발전할 수 있다는 사실을 누구보다 간절히 느끼고 있어서이다. 꾸준히 배운 지식을 머릿속에 참고하여 바로 실행하려고 한다. 더 나은 방법이 존재한다고 항상 생각하고 있기 때문이다.

사람은 항상 시행착오를 통해서 발전한다. 그 시행착오에서 오는 스트레스로 힘들어하며 포기하는 사람도 대다수이다. 그 정도로 시행착오와 스트레스 겪는다는 것은 힘든 일이라는 걸 나도 잘 안다. 그렇지만 이 스트레스를 견뎌야 다음 단계로 성장할 수 있다. 그 사실을 인지하는 순간 인생이 변한다고 나는 믿는다.

예전에 나는 스트레스에 대해서 힘들다는 점에만 초점을 맞췄다면 지금의 나는 스트레스를 받을 때마다 정반대의 관점으로 집중한다. 그래서 내가 스트레스를 받을 때마다 하는 생각은 이 스트레스를 극복하면 내가 엄청나게 성장할 거라는 생각이다. 스트레스를 힘듦이 아닌 성장의 관점에서 바라보는 것이다.

내가 살아오면서 깨우친 것이 있는데, 그것은 아무리 힘든 일이 있어도 극복할 수 있다는 것이다. 지금까지 모든 순간이 그랬다. 그래서 아무리 힘든 일이 닥치더라도 극복할 수 있다는 믿음이 자연스럽게 나의 신념으로 굳혀졌다.

나는 시련은 변형된 축복이라는 말을 정말 믿는다. 그 시련을 통해 성장할 수 있었기 때문이다. 그리고 성장했다는 것은 인생의 큰 축복이다. 그렇기에 나는 스트레스가 오더라도 이제는 성장할 수 있는 믿음을 갖고 극복할 때까지 부딪친다. 그러면 나는 어느새 성장해 있다.

그래서 나는 독서에서도 지금까지 그랬고 앞으로도 그러하듯 꾸준한 배움과 시행착오를 겪으며 더 좋은 독서 방법을 찾고 연구할 계획이다. 그래서 많은 사람에게 소중한 시간을 줄이면서 좋은 책들을 배울 수 있는 최적의 독서법을 가르쳐주는 것이 나의 꿈 중 하나이다.

그래서 나는 시간을 줄여주고 오랜 독서 습관을 유지할 수 있도록 완독을 추천하지 않는다. 완독은 독서 효율을 떨어뜨리고 괜한 부담감을 준다. 책을 즐기며 읽는다는 마음보다 억지로 붙들고 있는다는 느낌이 강하다. 그렇기에 완독해야 하는 부담감을 버렸으면 좋겠다. 그 부담감에 집중하기보다는 내가 읽고 있는 책에서 한 부분이라도 나에게 좋은 영향을 주는 배움을 찾겠다는 즐거운 마음으로 집중하며 독서했으면 좋겠다. 모두 시간을 효율적으로 사용하며 즐겁게 책을 읽는 날이 오기를 바란다.

— 04 —

더 깊게 읽고 싶다면 반복해서 읽어라

성공은 매일 부단하게 반복된 작은 노력의 합산이다.

- 괴테 -

오래 기억하는 데 도움을 주는 반복 독서법

한번 읽은 책은 시간이 지나면 우리의 기억에서 점점 희미해진다. 그만큼 우리는 책을 읽어도 책에서 얻은 교훈과 지식을 오랫동안 간직하기는 힘들다. 그렇기에 우리는 책을 오래 기억하며 읽는 법을 익혀야 한다. 배운 지식을 활용하지 못하면 아무 의미가 없기 때문이다. 그 전에 배운 지식을 활용하기 위해선 책의 내용을 기억하는 것이 우선이다.

책의 내용을 오래 기억하기 위해선 어떤 방법으로 책을 읽어야 할까? 나는 이 질문에 이렇게 이야기하고 싶다. 그 방법은 오로지 반복 독서라고 말이다. 반복해서 책을 읽는 방법이 책을 더 깊게 읽는 방법이라고 생각한다. 대부분의 사람은 한 책을 한 번만 읽는데 나는 이 방법을 추천하지 않는다. 독서는 곧 배움이기 때문에 책을 읽고 복습하지 아니하면 의미가 없다. 책을 아무리 많이 읽는다 해도 기억하지 못한다면 무슨 의미가 있겠는가? 그러므로 책을 반복해서 읽는 건 필수이다. 그래야 책의 내용을 나의 지식으로 흡수할 수 있기 때문이다.

나는 원래 책을 읽을 때 반복해서 읽지 않았다. 다른 책들도 빨리 읽고 싶은 마음이 들어 초반에 독서를 할 때는 그랬다. 그런데 어느 날 친구가 나에게 "네가 예전에 매우 좋았다는 그 책 말이야. 무슨 내용이 그렇게 좋았어?" 라는 질문을 했다. 나는 그 질문에 몹시 당황했다. 내가 예전에 그 책을 분명히 읽고 좋았다고 느낀 것을 기억하고 있었지만, 막상 무슨 내용이 좋았는지 기억이 나질 않는 것이다. 그때 내가 지금 하는 독서의 방법이 잘못되었음을 느끼게 되었다. 그 뒤로 '나의 독서가 무엇이 잘못되었던 것일까?'라는 생각을 많이 하게 되었다. 나의 독서의 문제점은 바로 복습하지 않아 그냥 흘러가는 지식으로만 독서를 한 것이었다.

그 뒤로 나는 반복해서 읽는 독서가 얼마나 중요한 것인지 조사를 하게 되었는데 많은 독서법을 연구하시고 알리는 독서전문가들이 반복 독서의 중요성을 강조하시는 걸 알게 되었다. 나는 그 뒤로 나의 독서의 방식에 반복해서 책을 읽는 것을 실천해보기로 다짐했다.

그렇다면 반복 독서는 어떻게 해야 효율적일까? 나는 고민을 많이 하게 되었는데 반복 독서가 힘든 이유는 다시 읽은 책을 처음부터 다시 읽는다는 부담감이 있어서라는 사실을 깨달았다. 이미 읽은 내용을 처음부터 끝까지 다시 읽는다는 것은 사실 쉬운 일이 아니라는 것을 잘 안다. 그래서 나는 반복하여 책을 읽는 것에도 그냥 반복해서 완독하는 것이 아니라 기술이 필요하다는 것을 느끼게 되었다. 그리하여 완성된 반복 독서 방식은 이렇다.

1. 우선 책을 읽는다.
2. 책을 읽으며 좋은 부분과 중요한 부분을 밑줄을 치고 필기를 하며 독서를 한다.
3. 다 읽은 책을 다시 읽을 때는 밑줄 치고 중요하게 생각했던 부분들을 빠르게 읽는다.
4. 다시 독서를 하며 중요 부분 중 더 중요하게 생각하는 부분들을 한 번 더 점검하며 읽는다.
5. 마지막으로 한 번 더 읽을 때는 제일 강조한 부분들을 한 번 더 빠르게 읽는 것이다.

그러면 다시 반복 독서를 할 때의 얻는 부담감을 줄이면서도 빠르게 중요한 부분들을 다시 복습하며 효율적으로 책을 읽을 수 있다는 것이다.

나는 이 방법을 실천한 뒤로 놀라운 효과를 경험했다. 그것은 바로 이전이라면 기억하지 못할 내용까지도 기억할 수 있게 된 것이다. 예전처럼 1회독만 했을 때랑은 차원이 다르게 시간이 지나더라도 그 책을 기억할 수 있게 되었다.

기억하는 내용이 많아지니 실천할 수 있는 지식도 늘어났다. 예전에는 중요한 부분들을 한번 인식하고 말았는데 빠르게 중요 부분을 보며 반복 독서를 하니 책의 내용을 오래 기억해서 일상생활의 배움으로 바로 적용할 수 있게 되었다.

예를 들어 나는 현재 감사 일기를 매일 기록하는 습관이 있다. 예전에 감사 일기를 추천하는 책을 보게 되었는데 1회독을 하였을 때는 실천을 하지 않았다. 그리고 반복 독서를 알게 된 이후 감사 일기의 중요성을 강조하는 다른 책을 읽었는데 한 책을 여러 번 읽다 보니까 감사 일기가 일상생활에 얼마나 긍정적인 영향을 미치는지를 느끼게 되었다. 그래서 감사 일기를 정말 써야겠다는 마음이 강하게 생겼다.

그 뒤로 나는 감사 일기를 쓰게 되었는데, 여기서 실천하기 시작한 감사의 마음이 엄청나게 성장하여 지금의 삶을 행복하고 아름답게 만들어주는 좋은 습관으로 자리 잡게 되었다.

그리하여 나는 감사 일기를 만나 인생이 더욱 행복해졌는데 실천하지 않았다면 정말 후회했을 것 같다. 그 생각이 자주 들어서 반복 독서를 하는 습관에 정말 감사하며 살고 있다.

행복을 위한 자기계발 연구소를 만들다

이처럼 내가 만약 1회독에 그치는 독서 습관을 지녔다면 나는 감사 일기를 시작하지 못했을 거라고 생각한다. 반복 독서가 삶의 실천으로 이어질 수 있게 더 도와주는 독서의 방법이라고 생각한다. 그리고 반복 독서가 주는 영향은 우리가 생각하는 것보다 훨씬 크다. 내가 직접 이렇게 반복 독서의 힘을 느끼게 된 뒤로는 이 방법을 애용하고 실천하는 중이다. 그래서 나는 직접 체험하고 느끼는 독서의 힘과 좋은 습관들을 가르쳐주며 사람들을 돕고 있다.

내가 운영하는 '행복한 자기계발 연구소'에서는 행복한 삶을 연구하고 유익하고 다양한 자기계발 프로그램을 개발하여 사람들을 코칭해주고 있다. 내가 그 안에서 제일 강조하는 자기계발 프로그램 중 하나가 바로 독서이다.

그래서 나는 우리 연구소에 도움을 받으러 오는 회원들에게 반복 독서를 비롯하여 다양한 독서의 기술을 가르쳐주고 있다. 만약 삶을 더 행복하고 멋지게 바꿔보고 싶다면 네이버 카페에 '행복을 위한 자기계발 연구소'를 검색하여 나를 찾아오라고 이야기해주고 싶다.

독서의 힘은 참으로 대단하다. 이 세상에서 가장 작게만 느껴졌던 나 자신을 이 세상에서 무한 가능성을 가진 큰 존재로 인식하게 해주었기 때문이다. 나는 내가 삶을 아름답다고 행복하게 바꿨던 것처럼 앞으로의 살아갈 나의 삶도 분명히 멋지고 아름답다고 믿는다. 이 믿음은 결코 그냥 말하고 나오는 힘이 아니다. 내면의 힘을 성장시켜 우리의 외면으로 분출시킬 수 있어야 한다.

나는 마음을 건강하게 강화하는 데에는 독서가 최고의 방법이라고 생각한다. 내가 굳이 말하지 않아도 이 세상 속 성공한 사람들은 모두 독서광이었고 책을 사랑하는 사람들이었다. 그래서 나는 모두가 독서로 삶을 더 행복하게 만들 수 있다고 믿고 있다. 독서가 주는 이로움을 모두 얻어서 더 발전하는 삶을 누리며 살아가기를 바란다.

독서가 우리의 삶의 미치는 영향은 정말 크다. 그렇기에 우리는 올바른 방법으로 독서를 해야 한다. 특히 반복하여 독서를 하는 일은 정말 중요하다.

앞서 말했듯이 우리 삶이 독서로 아름다워질 수 있는 이유는 독서를 통해 배운 내용을 일상에 실천하고 적용할 수 있기 때문이다. 그렇기에 우리는 실천하는 독서의 습관을 기르기 위해서라도 반복해서 독서해야 한다.

— 05 —

긍정적인 하루를 보내는 아침 독서법

> 가장 바쁜 사람이 가장 많은 시간을 갖는다.
> 부지런히 노력하는 사람이 결국 많은 대가를 얻는다.
>
> **- 알렉산드리아 피네 -**

아침 독서로 하루를 긍정적으로 보내게 되다

당신은 오늘 아침을 어떤 기분으로 어떠한 말을 하면서 시작했는지 기억하는가? 우리는 매일 맞이하는 아침을 별로 중요하게 생각하지 않는 듯하다. 그도 그럴듯이 우리의 아침은 매일 반복되는 일상이기 때문에 그렇다. 많은 사람은 반복되는 일에 쉽게 질려 하는 경향이 있다. 그렇기에 아침에 소중함을 잘 못 느끼는 것이라고 나는 생각한다. 하지만 세상에 당연한 것은 하나도 없음을 느끼고 삶에 적용해 살아가는 사람들에게는 매일 반복되는 작은 일상들조차 감사하고 행복하게 느껴진다. 그래서 그들에게 하루의 시작인 아침이 매우 중요할 수밖에 없다고 나는 생각한다. 뭐든지 하루의 시작이 기분이 좋아야 그날 하루를 끝까지 기분 좋게 잘 보낼 수 있다. 그렇기에 나는 아침을 시작할 때마다 긍정의 기운이 가득한 아침을 맞이하려고 항상 노력한다.

긍정적인 하루의 시작이 중요한 이유는 매일 기대되는 삶을 살 수 있기 때문이다. 매일 기대되는 삶을 살면 삶이 행복해진다. 삶을 행복하게 살아갈 수 있다는 것은 인생에 있어서 큰 감사이다. 나는 그러기에 매일 아침 긍정적인 생각으로 하루를 행복하게 보내기 위해 독서를 하며 기분 좋은 아침을 맞이하고 있다.

독서를 아침에 하면 좋은 이유가 있다. 우선 집중과 몰입이 다르다는 것이다. 저녁에 일과를 끝내고 나서 하는 독서는 몸이 피로해 있는 상태에서 책을 읽는 것이기 때문에 집중도가 떨어질 수밖에 없다. 집중도가 떨어진 독서는 책에 대한 이해도를 떨어뜨린다.

책은 느끼는 감정과 생각만큼 실천하고 행동할 수 있다. 그렇기에 우리는 집중과 몰입을 더욱 효과적으로 실현하며 독서를 하기에는 아침만큼 적합한 시간이 없다. 아침에 일어나서 제일 뇌가 쌩쌩할 때 책을 읽으면 아무래도 독서의 능력치를 최대한 효과적으로 활용할 수 있다.

나 역시 책을 읽을 때 일과 후에 하는 독서를 즐겼다. 그런데 몸이 너무 피곤하거나 고되다고 느끼는 날에는 내가 아무리 책을 좋아하는 마음이 크다한들 책을 읽다가 조는 것이다. 그리고 책의 내용이 눈이 들어오지 않는 경험도 여러 번 했다. 나는 그 안에서 노력 대비 독서로 얻는 능력치가 낮아 아쉬운 마음을 감출 수 없었다. 집중이 안 된다고 해서 독서를 안 하고 잘 수도 없는 노릇이었다.

그래서 나는 내가 더욱 집중하면서 책을 읽는 방법이 무엇이 있을지 생각을 많이 하게 되었다. 그리하여 찾아낸 독서의 방법이 아침에 하는 독서이다. 나는 사실 틈이 나면 독서를 하는 사람이지만 아침에 출근하기 전에는 독서를 해야겠다는 생각은 하지 못했다. 그래서 나는 독서를 시간이 날 때마다 즐겼지만 아침 독서는 해본 적이 없었다.

그런데 어느 날 할 엘로드 작가의 부자들만 아는 6가지 기적의 아침 습관을 다룬 책 『미라클 모닝 밀리어네어』라는 책을 읽게 되었다. 이 책을 읽고 하루의 아침이 얼마나 중요한 것인지 다시 한 번 더 깨닫게 되는 계기가 되었다. 할 엘로드 작가는 이렇게 이야기한다.

'당신이 살아갈 인생은 어떤 모습일까. 하루를 시작하는 아침의 인생의 모습을 결정짓는 가장 중요한 시간이다. 설레는 기분으로 아침에 눈을 뜨고 자신이 세운 목표에 따라 활기차고 생산적으로 아침 시간을 보내는 사람들은 인생에서 성공할 가능성이 크다.'

그리고 6가지의 습관 중 하나인 독서의 중요성에 대해서도 이렇게 강조하였다.

'인류사에서 가장 뛰어난 지성들이 자신들이 아는 지식의 정수를 여러 해에 걸쳐 책 한 권 분량으로 압축해놓았다. 그러니 우리는 몇 달러만 내고 책을 사서 투자하면 된다. 책은 도구다. 우리는 책을 통해 관계를 개선하고 자신감을 키우고 타인과 소통하는 기술을 향상하고 부자가 되는 법을 배우고 삶의 여러 영역에서 자신의 부족한 부분을 개선한다. 독서 시간은 다른 사람이 아니라 바로 나 자신을 위한 시간이다.'

나는 할 엘로드 작가의 말을 듣고 큰 감명을 받게 되었다. 그리고 그가 주장하는 독서의 중요성과 아침 시간이 우리 인생에서 얼마나 큰 영향을 끼치는지 배우게 되었다.

매일 아침에 행복을 담는 사람이 되었다

나는 그 뒤로 바로 아침 독서를 실천하였다. 내 인생의 미라클 모닝이 시작된 것이다. 사실 시작은 쉽지 않았다. 오랫동안 길들여놓은 습관을 하루아침에 바꾸는 것은 쉬운 일이 아니기 때문이다. 그래서 나는 평소에 가장 많은 독서 시간을 잡은 저녁 독서의 시간의 비중을 반으로 줄이고 줄인 시간을 취침으로 채워서 아침에 일찍 일어나는 시간으로 바꾸었다. 수면 패턴을 바꾼 뒤로 아침 독서를 습관화시키는 것에 집중하였다.

그러자 정말 신기한 일이 일어났다. 분명 초반의 습관을 바꾼 일이 힘들었지만 분명 독서의 집중도와 몰입에서는 저녁 독서보다 아침 독서가 큰 효율을 느꼈기 때문이다. 그리고 독서를 할 때 피곤하다고 느꼈던 저녁 독서와는 달리 몸 상태가 제일 좋을 때의 아침 독서에 매력을 느꼈다. 그래서 나는 그 순간 생각했다. 습관을 바꾸는 건 나의 몫이고 무엇보다 아침 독서가 주는 효과는 엄청나게 크다는 것이다.

그래서 나는 조금 불편하더라도 나의 습관을 고치기로 마음먹었다. 습관을 고치고 아침 독서를 본격적으로 맞이한 나는 독서의 효율을 최대로 끌어올릴 수 있었다. 효율을 끌어올리기 시작하니 책에 내용을 더 많이 이해할 수 있게 된 것이다. 그리고 머릿속에 남는 책의 지식도 더욱 풍부해졌다. 그래서 나는 아침 독서에 매우 만족하게 되었다.

그리고 무엇보다 아침 독서를 한 뒤로 삶이 더 풍요롭고 긍정적으로 변한다는 걸 느끼게 되었다. 아침에 좋은 자극과 배움을 받으니 내가 살아가는 하루가 더욱 아름답게 느껴졌다. 그리고 하루를 맞이하는 마음가짐이 단단해짐을 느꼈다. 그래서 웬만한 자극에 스트레스를 받지 않는 사람으로 변해가게 되었다. 그리고 하루를 더 멋지게 살아내고 싶다는 마음을 더욱 갖게 되었다.

멋진 마음으로 긍정적인 생각을 담아 하루를 보내기 시작하니 하루하루가 기대되는 삶이 되었다. 아침마다 책을 통해 생각하고 지혜를 배우니 하루를 시작할 때에 내가 어제보다 더 성장하고 발전했다는 느낌이 계속 들어서 너무 행복하다는 생각을 하게 되었다. 나는 그 뒤로 아침 독서를 애정하는 사람이 되었다.

긍정적인 마음가짐이 우리의 하루의 미치는 영향은 정말 크다. 긍정적 마음가짐을 갖는 삶을 살게 되면 하루가 행복해지고 내일이 기대되는 하루를 보내게 된다. 그리고 더욱 좋은 것들을 보고 듣고 느끼게 된다. 이렇게 아름다운 삶을 채우며 사는 하루는 너무나 감사하고 행복하다. 따라서 우리가 하루를 맞이할 때 긍정적인 마음가짐을 갖는 것이 참으로 중요하다.

이런 긍정적 마음을 갖는 사람이 되면 인생은 계속 승승장구할 수밖에 없다고 믿는다. 이 세상 성공한 사람들의 가장 큰 공통점 중 하나는 긍정적인 사고방식이다. 그 정도로 긍정적인 마음가짐은 성공에서도 큰 영향력을 지니고 있고 우리가 삶을 행복하게 만드는 필수 요소로 자리 잡게 되었다.

우리는 긍정적 사고방식을 통해 하루를 멋지게 보낼 수 있다. 그리고 아침을 맞이할 때 긍정적 마음을 더 크게 만들어줄 아침 독서를 시작해보기를 추천한다. 나의 삶도 아침 독서를 시작한 이후 더 긍정적으로 보낼 수 있게 되었기 때문이다. 긍정적인 삶은 굉장히 행복하다. 그리고 하루를 긍정적으로 살 수 있는 것은 인생의 큰 감사이다. 우리는 이처럼 언제나 행복하고 감사한 삶을 살 수 있다. 그리고 언제나 어떤 마음가짐으로 살아갈지 선택할 수 있다. 그 선택은 항상 우리의 몫이다.

— 06 —

마음에 안정을 주는 힐링 독서법

> 독서할 때 당신은 항상 가장 좋은 친구와 함께 있다.
>
> **- 시드니 스미스 -**

내 인생의 단짝 친구 독서

나는 독서를 하며 마음의 안정을 자주 받는다. 독서는 나에게 참으로 소중한 친구이다. 나는 독서가 있어서 행복한 사람이다. 이렇게 나를 행복하게 만들어준 독서에 나는 항상 감사한 마음을 갖고서 살아가는 중이다. 그래서 나에게 독서란 따뜻하고 안정을 주는 힐링의 존재이다. 사람들에게 힐링을 주는 독서의 힘은 참으로 대단하다고 생각한다.

요즘 사회에서는 힐링이 필요하다는 이야기를 자주 한다. 그만큼 행복한 게 중요한 사회가 되었다는 말이다. 하지만 모두가 행복하기를 바라면서 사람들은 마음 건강에 대한 중요성을 잘 모른다. 그 이유 중 하나는 마음이 보이지 않기 때문이다.

우리는 눈에 보이지 않는 것들은 잘 믿지 않으려 하고 신경 쓰지 않는 경우가 있다. 특히 마음은 절대 내버려두면 안 된다. 마음을 내버려두면 뭐든지 탈이 날 수밖에 없다. 그래서 우리는 항상 마음을 들여다보고 공부를 하는 습관을 들여야 한다. 마음은 평생 나와 함께하는 존재이기 때문이다. 아프지 않고 건강하게 우리가 잘 돌봐주면서 삶을 소중하게 살 수 있도록 노력해야 한다.

나는 마음을 들여다보고 나서 마음을 공부하는 습관을 독서로 정했다. 독서로 마음 공부를 시작하게 된 뒤로 마음에 정말 큰 변화가 있었다. 제일 큰 변화는 부정적인 삶의 태도가 긍정적인 삶의 태도로 바뀌었다는 부분이다. 긍정적인 삶의 태도로 바뀐 후의 나는 하루하루 감사하고 열정 넘치는 삶을 살고 있다. 이렇게 멋진 삶을 살 수 있게 도와준 독서가 있어서 매우 고맙다고 생각하고 있다. 그래서 나는 이 독서가 마음에 안정을 주는 존재라고 생각한다. 그리고 독서는 우리 마음에 힐링을 선물해준다.

이렇게 우리에게 힐링을 주는 독서를 좀 더 많은 행복을 느끼며 하는 방법은 무엇일지 나는 많은 생각과 고민을 했다. 그렇게 고민하며 생각해낸 것이 바로 마음에 안정을 주는 힐링 독서법이다. 마음에 안정을 주는 힐링 독서법이란 무엇일까? 그건 말 그대로 마음에 안정과 힐링을 주는 독서의 방법이다.

이 방법을 구체적으로 설명하자면 이렇다. 우선 마음에 안정을 주는 책을 골라야 한다. 마음에 안정을 줄 수 있는 책이란 무엇일까? 그건 바로 우리의 마음에서 원하는 책을 찾는 것이다. 우리는 마음의 소리를 책을 고르는 과정을 통해서 들을 수 있다. 그래서 우리가 지금 무엇이 필요한지 혹은 무엇이 고민인지 파악할 수 있어야 한다.

예를 들어 고민이 다이어트라면 다이어트에 관한 서적을 고르면 되고 위로의 말이 필요하다면 위로의 말이 가득 담긴 에세이를 골라서 읽으면 되는 것이다. 이처럼 마음속에서 원하는 주제를 찾는 게 핵심이다. 그 과정을 통해 내면이 점점 안정적으로 변할 것이라고 생각한다.

원하는 주제를 찾는다는 것은 나의 내면을 꾸준히 듣고 나와의 대화를 통해 알아내는 과정이기 때문이다. 그리하여 내면부터 들여다보고 내가 원하는 주제를 찾아서 읽는 것이 마음에 안정을 줄 수 있는 독서법 중 하나라고 생각한다.

마음의 안정을 주는 독서법이라고 표현한 이유는 내가 몸소 체험하여 느낀 것이기 때문이다. 내가 이 방법을 평소에도 자주 애용하는 이유는 내가 원하는 책을 선명하게 그리고 찾을 수 있기 때문이다. 나의 내면의 목소리가 원하는 말을 듣고 원하는 것에 관련된 책을 읽게 되니까 궁금증도 해소될 때도 있고 고민도 해결되는 경우가 자주 있다. 그래서 나는 마음의 안정과 힐링이 필요할 때 내면의 목소리를 듣고 그와 관련된 책을 읽는다.

나는 책들 중 자기계발서를 참으로 좋아하는데 때로는 자기계발서가 지치고 어렵게 느껴지는 순간들도 가끔 있다. 그럴 때 나는 내면의 목소리를 따라 그날만큼은 읽기 편안하고 마음에 안정을 선물해주는 책을 찾아 읽는다. 예를 들어 에세이라든지 시와 같이 마음을 따뜻하게 해줄 수 있는 언어를 담은 책을 골라 읽으면 자기계발서를 읽을 때와는 다른 새로운 매력을 느끼며 힐링하고 있음을 느낀다.

독서로 마음의 안정을 얻는 방법은 참으로 다양하다. 때로는 강인하게 나의 개선점을 잡아주는 자기계발서가 마음의 안정을 주기도 한다. 우리는 살아가면서 다양한 마음의 변화와 감정을 느끼게 된다. 그렇기에 우리는 좋아하는 한 분야의 책만 읽기보다는 그 때의 내면의 목소리를 듣고서 독서를 해보는 것이 좋은 독서법이라고 생각한다. 그렇지만 아직 독서가 익숙하지 않은 사람들이라면 좋아하는 분야부터 책을 읽고 그 뒤부터 이 방법을 실천해보기를 권유한다. 왜냐면 일단 독서 습관을 들이는 데 흥미를 가지게 하는 일이 우선순위이기 때문이다.

그리고 힐링 독서법이라고 표현하게 된 이유가 있다. 그건 바로 책을 한 곳에서만 읽는 것이 아닌 여행도 다니고 카페에도 다니면서 여유로운 독서 환경을 만들어 독서를 하는 방법이다. 나는 이 방법이 독서를 할 때에 독서를 좀 더 즐기며 할 수 있는 방법 중 하나라고 생각한다.

독서를 평생 습관으로 유지하기 위해서는 독서가 재미있고 흥미로워야 한다. 아무 의미를 주지 않고서 그냥 책을 읽으면 처음에는 잘 읽겠지만 금방 질리고 만다. 그렇기에 마음을 행복하게 해주는 독서에 흥미와 재능을 느끼며 책을 읽을 수 있도록 다양하고 재밌는 독서법을 활용하며 읽는 것이 참으로 중요하다.

새로운 환경에서 행복한 독서법을 만나다

그래서 나는 시간이 날 때 독서의 환경을 바꾸어 책을 읽기 시작했는데 이 방법들은 나에게 큰 힐링이 되어주었다. 평소에는 집에서 독서를 했다면 시간이 좀 더 여유로운 주말에는 카페에서 책을 읽는 것이다. 아니면 놀러가서 색다른 환경에서 책을 읽는다든지 말이다. 집에서만 책을 읽었을 때보다 가끔 환경을 색다르게 설정해주고 바꿔나가다 보면 책을 읽을 때 더 재밌고 흥미롭게 느껴진다. 그리고 카페에 갔을 때 나를 위한 커피 한 잔과 함께 하는 독서는 이보다 행복할 수 없다. 또한, 여행을 갔을 때도 책과 함께할 수 있다. 바다를 바라보며 산을 바라보며 책을 읽는 것도 엄청나게 힐링 되고 색다른 경험이 될 것이다.

나도 일을 쉬는 주말에 혼자 책을 들고 바다를 보러 간 적이 있었다. 바다 앞에 있는 벤치에 앉자 책을 읽는데 처음 느껴보는 웅장함에 너무 행복했다. 바다 향기, 선선한 바람, 그리고 나와 함께해주는 책이 있어 너무 행복했다. 그 기억은 내가 책을 읽었던 많은 장소 중에 제일 행복하게 독서를 했던 순간이다.

나는 제일 행복하게 독서를 한 순간을 알게 된 이후로 독서에 대해 많은 생각을 하게 되었다. 독서도 그냥 하나의 자기계발 수단이 아닌 때로는 친구같이 소통해주는 고마운 존재라는 사실을 한 번 더 깨닫게 되었다. 다양한 기술이 요구되는 독서법들이 참으로 많고 주장하는 내용도 대부분 비슷하겠지만, 내가 행복감을 느끼며 실천하는 이 독서법을 꼭 실천해보았으면 좋겠다. 내가 이 독서법을 이용할 때마다 너무 행복함과 감사함을 느끼기 때문이다.

이 세상에 자기 자신의 마음보다 중요한 마음은 없다. 나의 마음을 행복하게 하고 나를 사랑해주는 사람이 되어야 다른 사람을 행복하게 만들 수 있고 사랑해줄 수 있다고 생각한다.

그렇기에 내가 나의 마음을 알아차리고 인지하는 것이 참으로 중요하다. 그래서 마음의 안정을 찾아주는 힐링 독서법이 요즘 같은 시대에 더욱 필요하다고 생각한다. 책은 삶의 모든 지혜가 담겨 있는 소중한 존재이다. 그리고 소중한 책을 선택하여 읽는 우리도 소중한 사람들이라고 나는 항상 생각한다. 우리가 마음을 마주하고 꾸준히 책을 읽는 습관을 길러서 지금보다 마음이 더 강인해지고 모두 행복해졌으면 좋겠다. 그리고 독서를 하는 행동 그 자체에 행복감을 느끼게 되었으면 좋겠다.

온전한 마음으로 내가 무엇을 원하는지 느끼고, 자연과 세상이 주는 다양한 환경 속에서 독서를 하고, 책과 친구처럼 소통하면 모두가 더 멋지고 행복한 삶을 살아갈 수 있다고 나는 생각한다.

— 07 —

생각을 넓혀주는 기록 독서법

다이아몬드를 찾는 사람이 진흙과 수렁에서 분투해야하는 이유는
이미 다듬어진 돌 속에서는 다이아몬드를 찾을 수 없기 때문이다.
다이아몬드는 만들어지는 것이다.
- 헨리 B. 윌슨 -

행복한 일은 매일 있다고 배우게 해준 기록

독서를 할 때 우리는 생각을 하게 된다. 그때 독서를 하며 느낀 감정과 생각들을 기록해야 한다. 기록하지 않으면 우리의 머릿속에 스쳐 지나가는 생각이 되어서 우리는 독서를 하며 배운 생각을 금방 잊어버리기 때문이다. 그렇기에 우리는 독서를 할 때 드는 생각들을 기록할 수 있는 습관을 들어야 한다. 사실 처음이 적응이 안 되어 힘들 뿐이지 습관이 되어 기록을 시작하면 금방 적응하게 될 것이다. 뭐든지 기록하는 삶은 참으로 중요하다. 인류의

역사가 발전할 수 있었던 이유에도 기록이 큰 역할을 해왔다. 기록은 과거의 우리의 선조들의 지혜를 볼 수 있듯이 우리의 각자의 삶을 배우고 발전시키는 데 이제는 필수 요소라고 생각한다. 그렇기에 우리는 독서를 할 때 기록을 하는 자세를 가져야 한다.

기록의 장점은 글로 내 생각을 적었기 때문에 언제든지 내 생각을 다시 볼 수 있다는 것이다. 그래서 내가 이 당시에 어떤 기분에 어떤 감정과 생각을 가지고 글을 적었는지에 대해 알 수 있다. 그리고 매번 기록할 때마다 자신이 얼마나 발전할 수 있었는지도 알게 된다.

나 역시 기록하는 삶을 살아가는 중이다. 책을 통하여 기록의 중요성을 알게 된 뒤로 생긴 습관이다. 하지만 처음부터 기록하는 삶이 쉽지는 않았다. 나는 초등학교 때에도 일기를 잘 쓰지 않았을 정도로 기록하지 않는 삶을 살았던 사람이기 때문이다. 하지만 많은 책에서 공통으로 다룬 것이 기록이기에, 나는 기록을 할 줄 모르지만 기록을 하는 삶을 살도록 결심했다. 나에게는 책에서 나오는 모든 조언이 나의 방향키였기 때문에 이러한 생각을 하게 되었다.

기록의 시작을 무엇을 하면 좋을까 고민하던 찰나에 한 책을 만나게 되었다. 그 책은 발 인텔리전트 체인지가 지은 『하루 5분 아침 일기』 라는 책이다.

이 책은 특이하게도 기록할 수 있는 일기처럼 출시된 책이었다. 나는 그래서 이 책을 딱 보고 '일기처럼 사용할 수 있는 책이니까 기록하기 편하겠다.'라는 생각에 구매하여 기록하기 시작했다.

이 책의 앞부분을 살펴보면 '오늘의 당신이 3년 전보다 더 나은 사람이라는 사실을 어떻게 알 수 있는가?'라는 질문이 있다. 답은 '당연히 기록하지 않으면 알 수 없다.'라고 하였다. 나는 이 질문에 공감한다. 그 이유는 정말 기록하지 않으면 자연스럽게 잊게 될 기억들이기 때문이다. 그 뒤로 나는 책의 도움을 받아 처음으로 기록하는 삶을 살게 되었다. 정말 큰 행운이었던 것은 기록의 시작이 아침 일기였다는 점이다.

이 책은 잠재력과 긍정적 마인드를 키워주기에 충분한 책이었다. 나는 그렇게 기록을 시작하면서 많은 기록의 장점을 깨닫게 되었다. 이 책에 기록해야 하는 부분은 하루의 아침에는 감사할 거리와 내가 해야 할 일 그리고 긍정의 한마디를 적는 것이고 저녁에는 오늘 일어난 멋진 일과 아쉬운 점에 대해 기록을 하는 것이다.

처음으로 하루의 감사한 일과 멋진 일들을 매일 기록하면서 느낀 점이 있었다. 아무리 힘들고 지쳐서 기운이 안 나는 날에도 감사한 일들과 하루를 마치며 멋진 일들이 항상 있었다는 점이다. 나는 매일 기록을 하면서 위로받는 나 자신을 발견했다. 너무 신기했다. 아무리 슬픈 날에도 나는 감사한 사람이라는 사실이 매우 기쁘게 느껴졌다. 사랑받는 느낌을 기록을 통해 느끼기 시작했다. 그리고 나의 자화상이 더 밝고 긍정적으로 변해가고 있는 모습을 보며 나는 기록의 힘을 깨닫게 되었다.

기록의 힘을 깨닫게 된 뒤로 나는 기록을 하는 습관을 좋아하는 사람이 되었다. 그래서 다양한 곳에 기록을 적용시키기 시작했다. 일과 계획을 짜는 다이어리, 식단과 운동일지 등 체계적인 기록을 통해 나를 관리하였다. 그러자 몸과 마음이 기록을 통하여 더욱 건강해짐을 느끼기 시작했다. 그래서 나는 기록을 하여 내 생각을 표현하는 수단이 얼마나 중요한 것인지를 깨닫게 되었다. 이 기록의 힘이 책 읽기에서 얼마나 크고 좋은 영향력을 줄지 너무 기대되었다. 기대감이 생긴 이후에는 나는 독서를 할 때 본격적으로 독서를 하다 기록하는 습관을 지니게 되었다.

처음에는 독서를 하며 기록할 때에는 예쁜 공책을 갖추어 내 생각을 적었는데, 공책에 적은 기록은 잘 안 보게 되었다. 그리고 반복하여 책을 읽을 때도 공책에 내 생각을 찾아서 읽으려니 너무 불편하게 느껴졌다. 기록을 해서 생각을 정리하고 있지만 효율이 떨어진다는 생각을 하게 되었고, 어떻게 하면 효과적으로 기록할 수 있을지 고민하였다. 그러다 생각해 낸 방법이 바로 책에 기록을 하는 것이다. 책을 읽고 생각하거나 느낀 점을 책에 바로 기록하는 것이다.

이렇게 기록을 하니 공책을 들고 다녀야 하는 번거로움이 없어졌고 바로 기록할 수 있는 점이 매우 편리했다. 또다시 반복 독서를 할 때도 책을 읽으며 바로 생각을 읽을 수 있는 점이 좋았다. 그래서 기록을 다시 읽음으로써 내 생각을 다시 돌아보게 되었고 생각을 정리할 수 있었다. 또 언제든지 책을 다시 읽을 때마다 다시 생각을 들여다보고 사색할 수 있어서 매우 좋았다.

나는 항상 성장하고 있다

그리고 신기했던 점은 시간이 지나서 다시 책을 집었을 때 기록했던 내용을 다시 읽으면 '이 당시에는 나는 이렇게 생각했는데 지금 내가 느끼는 생각이랑 전혀 다른데?' 하고 느껴지는 부분이 있다는 것이다. 나는 그 부분들을 보면서 '아, 생각은 점점 변하고 달라지는구나. 이런 생각들을 기록해두지 않는다면 내가 과거에 어떤 생각을 하며 살아왔는지를 몰랐겠구나.'라는 생각을 하게 되었다. 그리고 과거와 현재의 생각을 두고 바라보니 내 생각의 폭이 넓어지며 깊어지고 있음을 느꼈다. 성장하고 있다는 것이다. 내가 성장하고 있음을 바로 느끼게 해주는 것만으로도 나는 기록의 힘을 알게 되었다.

나는 그래서 나의 일상을 기록하는 일지를 다시 찾아 읽어봐야겠다는 생각을 하였다. 나의 일상을 담은 일지를 보니 그때의 내가 무엇을 했는지 어떤 관점으로 생각하고 바라보았는지 알 수 있었다. 그래서 나는 기록의 힘으로 나를 돌아보며 내가 성장하는 것을 다시 한 번 더 느꼈고 그 안에서 위안을 받고 있다는 생각을 하였다.

과거 일지를 돌아보던 중에 유난히 기억에 남는 일상 글이 있었다. 그중 이런 말이 적혀 있었다.

'너무 힘들고 도망치고 싶다.'

나는 이 말을 보고 잠시 깊은 생각에 빠졌다. '과거의 나는 엄청나게 힘들었지만, 지금의 나는 내 인생이 참으로 소중하며 지금 살아가고 있는 삶이 멋지고 아름답다고 느끼며 살아가고 있다. 그러니 앞으로도 살면서 지치는 일이 생기더라도 과거의 나처럼 생각하기보다는 그런데도 나는 항상 잘 이겨 내왔다는 사실을 잊지 말아야겠다.'라고 생각하게 되었다.

그리고 과거에는 힘들다고 표현한 일상도 몇 년 후에 다시 보니 왜 힘들었는지 기억이 안 나는 일들도 있었다. 그래서 나는 시간이 해결해준다는 말도 다시 한 번 더 신뢰하게 되었다.

누구나 살면서 지치고 힘든 순간이 온다. 그럴 때 나는 나도 그래 왔듯이 당신도 잘 이겨낼 수 있다고 말해주고 믿어주고 싶다. 그리고 기록하는 삶을 추천해주고 싶다. 기록을 통해 과거의 나를 돌아보고 지금의 나를 성장시키는 삶을 만나게 되었으면 좋겠다.

그리고 기록을 하며 책을 읽으면 생각의 폭이 넓어지고 더 다양한 지식과 지혜를 흡수할 수 있으니 기록 독서법도 활용하여 책을 읽어보는 것을 추천한다. 그렇게 하나씩 모든 일상과 독서 같은 부분에 기록을 적용할수록 우리의 삶은 발전할 수밖에 없다고 믿는다.

— 08 —

같은 주제의 책을 3권 이상 읽어라

내가 목표에 달성한 비밀을 알려줄게. 나의 강점은 바로 끈기야.

- 루이 파스퇴르 -

책을 많이 읽다 보니 어느새 독서전문가로 성장하다

책은 아무런 지식이 없는 비전문가도 같은 분야의 책을 100권 이상 읽으면 전문가가 된다는 말이 있다. 그 정도로 책이 주는 영향력은 엄청나다. 책을 읽는 것만으로도 내가 되고 싶고 하고 싶은 일들을 배울 수 있다. 그리고 해보지 않은 일들을 간접 체험할 수도 있다. 이처럼 책이 주는 이로운 영향은 너무나 많다.

그래서 나는 책을 읽을 때도 같은 주제의 책을 3권 이상 읽으라고 항상 이야기한다. 그 이유는 한 분야의 책을 100권 이상 읽는다는 것은 책을 잘 읽지 않는 사람들에겐 쉬운 일이 아니기 때문이다. 그렇기에 3권 이상 책을 읽기를 권한다. 이유는 한 주제에 관한 책을 3권 이상 읽으면 그래도 읽은 주제에 관한 내용이 보이고 이해되기 때문이다.

책을 한 권만 읽으면 그 내용을 알 수 있어도 그 주제를 잘 이해했다고는 말하기 힘들다. 한 권의 책이 그 주제를 담아내기에 정말 좋은 책인지 알 수가 없기 때문이다. 내가 그 분야를 모르기 때문에 그 기준점을 알 수가 없다. 만약에 내가 그 분야의 책을 3권 정도 읽으면 객관적인 기준으로 책을 평가할 수 있지만 한 권만 읽으면 그 기준을 알 수가 없다. 그렇기에 책을 읽을 때 같은 분야와 주제의 책을 3권 이상 읽어야 한다.

나도 과거에는 다양한 분야의 책을 읽고 싶은 마음에 한 권씩 책을 얕게 읽은 적이 있었다. 그런데 한 권씩 읽으니 읽은 책에 관한 내용을 깊게 이해하기에는 부족하다는 것을 느끼게 되었다. 그 후로 나는 한 분야를 최소 3권 정도의 기준점을 잡고 독서를 하게 되었는데 그래도 3권 정도 읽으니까 그 분야의 전반적인 지식은 파악할 수 있게 되었다.

또한 그 책의 실천할 점은 무엇인지 구분하고 파악을 하는 힘도 기르게 되었다. 그래서 나는 한 주제의 책을 읽을 때 최소 3권 정도는 읽어야 그 분야에 대해 조금은 알게 된다고 생각하게 되었다.

나는 자기계발 분야의 책을 광적으로 좋아한다. 유명한 자기계발서와 신간 중 안 읽어본 책이 없을 정도로 이 분야를 신뢰하고 좋아한다. 그 이유는 내 인생을 바꿔준 책들이 대거 포진하는 분야이기 때문이다. 그리고 나의 멘토들이 담겨 있는 책들이라서 자기계발 분야를 정말 사랑하고 많이 읽었다. 그래서 내가 다독한 분야를 직접 읽고 느껴보니 한 권만 읽었을 때와는 달리 정말 자기계발의 분야의 전문가가 되었다. 그래서 내가 지금 사람들의 행복한 인생을 살아갈 수 있도록 도와주는 코칭 일을 할 수 있는 것도 자기계발을 열심히 했기에 가능한 일이라고 생각한다.

내가 한 분야를 파고들어보니 좋은 점이 있었다. 처음에 자기계발 책을 읽었을 때는 모든 내용이 다 내가 시작하고 실천해야 하는 일들만 있었다. 그 정도로 내 인생을 다시 개척하는 수준으로 멘토들이 주장하는 내용 중 내 인생에 적용된 의견이 하나도 없다는 것에 놀랐던 기억이 난다. 근데 그때는 정말 간절해서 실천을 시작한 것이었는데 지금 다시 생각해보니 나는 오히려 그때 아무것도 없었다는 것이 더 큰 행운이라고 생각한다. 내가 바닥에 있었기 때문에 올라올 수 있었고, 내가 백지라서 아무것도 가진 것이 없고, 모르는 사람이라고 해도 다시 배우고 채워서 나의 백지에 그림을 그릴 수 있었기 때문이다. 그렇기에 나는 인생에서 시작하기에 늦은 건 하나도 없다고 생각한다.

그렇기에 두려움보다는 도전하고 사랑을 선택할 줄 아는 사람들이 많아졌으면 좋겠다. 왜냐하면 사람은 존재 자체로 소중하고 우리 모두는 특별한 사람들이기 때문이다. 자기 자신을 낮게 평가하지 않았으면 좋겠다. 행복하고 감사한 인생을 살 자격이 충분한 사람이라는 것을 알아주었으면 좋겠다.

그리하여 나는 자기계발서에 나온 이야기들을 실천하기 시작했고 실천하면서 인생도 멋지게 변화할 수 있었다. 많은 자기계발서를 읽으면서 이제는 책을 읽을 때 내가 실천할 내용이 과거에 비하면 기하급수적으로 적어졌다. 멘토들이 주장하는 행동들을 거의 다 실천하는 중이기 때문이다.

이렇게 성장할 수 있었던 것은 한 분야를 집중해서 읽었기에 가능한 일이라고 생각한다. 그 정도 반복해서 그 주제를 여러 권 읽는 것이 참으로 중요함을 많이 느끼게 되었다. 한 주제의 책을 많이 읽으면 읽을수록 좋다. 그리고 이제는 그 분야의 좋은 책들도 구분해서 보는 눈이 생긴다.

책이라고 해서 다 좋은 책이 아니다. 나에게 도움이 되는 책을 찾아 읽는 것이 참으로 중요하다. 나에게 도움이 되는 책을 찾는 능력은 자기 자신이 기르는 방법이 최고로 좋다. 자기만의 인생 책을 찾는 일은 그 누구도 대신 해 줄 수 없다. 나의 인생은 오로지 나만의 것이기 때문에, 사람마다 다 다르고 살아온 환경이 다 다르기에 각자 맞는 책도 다를 수밖에 없다. 도움이 되는 책을 찾는 방법도 꾸준히 읽다 보면 자연스럽게 늘 것이다.

뭐든지 급하게 하기보다는 꾸준하게 하는 것이 참으로 중요한 것 같다. 독서도 꾸준하게 읽는 것이 중요하다. 단타성으로 책을 읽고 넘기기에는 너무 가치가 크다. 평생 배우고 단련해야 할 지식이 많기 때문이다. 그래서 나는 독서에서는 책을 인생의 동반자로 생각하고 누구보다 오래 진득이 같이 갔으면, 실천은 누구보다 빠르게 했으면 좋겠다. 그러면 부담이 적을 것이다. 그냥 독서를 어렵게만 생각하지 말고 나의 친구처럼, 내 가족처럼 내 인생을 함께 살아갈 존재라고 인식하는 순간 독서는 어려운 공부가 아닌 게 된다고 나는 생각한다.

주변 사람들에게 독서가 어려운 이유에 관해서 물어본 적이 있었다. 그 이유는 대부분 독서를 하기 싫은 공부로 인식하거나 하루의 일과를 끝내고 여가 시간에 하고 싶은 일들을 할 때 독서까지 할 여유가 없다는 것이었다. 그 말을 듣고 나는 지인들의 마음을 공감하고 존중하게 되었다. 과거에 책을 읽지 않았던 나도 그렇게 느낀 적이 참으로 많기 때문이다. 그래서 더 많이 이해하게 되었다. 하지만 독서가 주는 이로움과 긍정적인 영향을 누구보다 잘 느끼는 사람이기에 아쉬운 마음도 같이 들었다. 그래서 나는 독서를 친근하게 다가갈 수 있도록 좋은 독서의 영향을 널리 알리고 싶다.

'행복을 만드는 지영 작가 TV'를 개설하다

독서를 편하게 접근할 수 있는 방법에 대해서 많이 고민하게 되었다. 그래서 친구들과 독서 모임을 열어서 독서의 이로움도 알리는 자리를 만들기도 하였다. 그 모임에 참여한 친구들은 혼자서는 어려웠는데 같이 하니까 즐겁고 좋은 경험이 되었다고 했다. 그리고 나만의 생각이 아닌 친구들의 의견을 같이 들으니 생각이 넓어지는 것 같아서 고맙다는 인사도 듣게 되었다. 그래서 혼자가 아닌 함께일 때 어려움을 극복하는 것이 쉬워진다는 것을 배우게 되었다.

그 뒤로 나는 모두와 함께 배움을 나누고 싶은 마음에 유튜브 채널을 개설하였다. 혼자 독서를 하는 것이 힘들다면 내가 운영하는 유튜브 채널 '행복을 만드는 지영 작가 TV'에 놀러왔으면 좋겠다. 이 채널에서는 행복한 인생을 위한 마음 공부와 자기계발을 다룬다. 이곳에서 내가 책을 읽어주는 영상도 올리고 있으니 친구라는 마음으로 편하게 놀러와서 구독하고 갔으면 좋겠다. 나는 모두 같이 행복해지면서 소통하는 방법도 정말 좋다고 생각하기 때문에 내가 독서와 당신이 좀 더 친해질 수 있는 긍정적인 메신저의 역할이 되어주고 싶다.

많은 사람이 독서를 어렵게 생각하지만, 너무 어렵게 생각하지 않았으면 좋겠다. 독서를 통해 독서가 주는 이로움을 많이 받아갔으면 좋겠다. 나도 처음에 독서가 제일 어려웠던 사람이었다. 처음은 누구나 서툴다. 그리고 익숙하지 않은 일도 어려운 건 마찬가지다. 그러니 너무 두려워하지 말고 독서를 해보길 추천한다.

그리고 책을 읽었을 때 고민되고 조언을 얻고 싶은 주제의 분야가 있다면 꼭 3권 이상 읽어보라고 추천하고 싶다. 한 권으로 끝내기에는 독서가 주는 이로움을 얻기에 부족하다. 그래서 나는 3권 이상 읽으라고 한 번 더 강조해 주고 싶다.

ΕΛΕΝ
ΦΙΤΖΕΡΑΛΝΤ
DEAN KOONTZ

— 5장 —

독서는 내 인생에 대한 최소한의 예의다

— 01 —

독서는 내 인생에 대한 최소한의 예의다

> 가장 발전한 문명사회에서도 책은 최고의 기쁨을 준다.
> 독서의 기쁨을 아는 자는 재난에 맞설 방편을 얻은 것이다.
>
> **- 랄프 왈도 에머슨 -**

항상 오해를 받아 서러웠던 울보 소녀

아무리 생각해도 독서는 내 인생에 있어 최소한의 예의였다. 나는 '이 독서가 없었다면 지금처럼 행복한 삶을 살아갈 수 있었을까?' 하는 생각을 자주 한다. 독서를 만난 것이 내 인생에서는 큰 기회이고, 정말 내게는 최소한의 예의였다. 내가 나 자신을 계속 내버려두고 포기했다면 지금의 삶을 살지 못했다고 나는 단언한다. 살아갔을 테지만 의미가 없는 삶을 살았을 것이다. 그리고 나는 현재 의미 있는 삶을 살아가는 중이다. 독서를 만나 새 삶을 살고 있다. 소중한 새 삶을 선물해준 독서에 나는 큰 감사를 하며 행복한 하루를 보내고 있다.

독서를 하면 좋은 점 중에 하나는 독서를 통한 위로이다. 나는 독서를 하면서 마음의 위안을 참으로 많이 얻었다. 지금 생각해보면 독서는 참으로 내게 위로를 많이 건네주었다. 내가 외로움을 느끼던 시절에도 나에게 다가와 혼자 있는 시간도 의미 있는 시간이라며 위로해주었고, 내가 실패하여 좌절하였을 때도 괜찮다고 말해주었으며, 하나씩 실천하며 달라지고 있는 나에게 잘하고 있다며 격려를 해준 존재이다.

그렇게 독서는 내 인생의 모든 것을 함께해주었다. 나의 희로애락을 함께 겪으며 나를 항상 지켜주었다. 어느 순간에나 내 옆에 있어 주었던 것은 독서이다. 나는 이 독서가 없었으면 이겨내기 힘들었을 것 같다. 그렇기에 독서는 내게 너무 소중한 존재이다. 내가 독서를 할 수 있고 독서를 만나 삶을 바꾼 것에 대해 나는 큰 감사를 하며 살아가는 중이다.

삶이 외롭다고 느껴지는 사람일수록 독서를 하기를 추천한다. 독서는 평생 당신을 떠나지 않을 것이다. 당신이 독서를 손에서 놓지 않는 한 말이다. 살아가는 동안 평생 나의 편이 있다는 것은 정말 엄청난 행운이라고 생각한다. 내게는 그렇다. 독서가 평생의 나의 편이자 내 삶에 찾아온 엄청난 축복이다.

지금 생각해보면 정말 사소한 부분에서까지 도움을 많이 받은 것 같다. 나는 사람들에게 오해를 많이 받는 사람이었다. 그 이유는 내가 오해를 받아도 말을 못하고 속으로만 끙끙 앓았기 때문이다. 그래서 남들이 보기에 나는 밝아 보여도 속은 상처투성이였다.

고등학교 시절도 그랬다. 중학교 때 생긴 우울증과 대인기피증을 극복하지 못한 상태여서 친구들과 친해지는 것이 매우 힘들었다. 중학교 때처럼 괴롭힘은 당하지 않았지만, 소외감은 많이 느끼며 보냈다. 많이 외로웠다. 친해지는 방법을 잊어버렸다. 어떻게 다가가야 할지 모르겠고 모든 게 조심스러웠다. 또 미움을 받을까 봐 말 한마디도 쉽게 할 수가 없었다. 동등한 친구 관계임에도 나에게는 모든 것이 어려웠다.

친구들은 당연히 모를 수밖에 없다. 나는 내 속마음을 이야기해준 적이 없었기 때문이다. 그래서 오해를 많이 받을 수밖에 없었던 것 같다. 오해가 생겨도 나는 오해를 받은 줄도 모르고 살았다.

나중에 졸업하고 나서 친구들에게 나를 어떻게 생각하고 있었는지 이야기를 듣게 되면서 많은 걸 느끼게 되었다. 그리고 친구들은 내가 항상 자주 울어서 조심스러웠다고 이야기한다. 정말 나는 울보였다. 오해를 받아도 미움 받는 게 무서워 눈물부터 흘리는 사람이었다.

인간의 자존감은 참으로 복잡 미묘하면서도 단순한 것 같다. 한 가지 확실한 사실이 있다면 자존감은 정말 중요하다는 것이다. 나는 자존감이 존재하지 않는 사람이었다. 그래서 동등한 친구 사이에서도 항상 '을'이었고 기가 죽어 있었다. 나는 그래서 자존감이 낮아서 힘들어하는 사람들에게 힘이 되어주는 사람이 되어야겠다고 다짐했다. 내가 너무 힘들고 너무 아팠기 때문이다.

해주고 싶은 말은 넌 참 예쁘고 소중한 사람이야

과거의 나와 같은 사람들은 자신이 소중한 존재라는 것을 인지하지 못한다. 그냥 모른다. 내가 그랬다. 그래서 나는 스스로 내가 소중하다는 것을 배우고 깨달았지만, 그 시절 누군가 나에게 '넌 참 예쁘고 소중한 사람'이라고 말해주었다면 정말 큰 힘이 되었을 것 같다는 생각을 자주 했다.

나는 당시에 친구들과 모르는 사람들에게 외모 비하를 정말 많이 당하며 살았다. 길거리를 걸을 때 모르는 사람이 뒤에서 "저 여자 너무 뚱뚱해."라고 말한다든지 학교 복도를 걸을 때 뒤에서 같은 학년 친구가 "저게 사람 다리야? 코끼리 다리지." 라고 말하는 등의 비아냥과 비판을 많이 받으며 살았기에 너무 힘들었고 자존감이라는 것이 점점 낮아질 수밖에 없었다. 나를 아껴주는 사람이 없으니 인간관계에서 너무 지쳐 있었다.

그래서 지금의 나는 더 확실한 신념을 지니게 되었는데, 나 같이 힘들었던 사람들에게 힘이 되어주는 것, 그들에게 자신이 얼마나 소중한 사람인지 말해주는 것이다. 세상에 나의 사랑이 담긴 메시지를 보낼 것이다. 그래서 많은 이들에게 힘이 되어주는 메신저가 될 것이다.

지금의 나는 강인하고 아름다운 사람이다. 내가 나를 이렇게 생각하고 정의하기 때문이다. 누군가에게 내 꿈이나 가치를 허락받을 이유도 없다. 그리고 타인에게 인정받지 않아도 된다. 내가 나를 믿어주면 되는 것이다. 내가 나의 가치를 정하는 것이고 내 꿈은 내가 정하는 것이다. 타인이 나의 인생을 살아줄 수 없다. 그들이 당신을 상처 입히고 슬프게 한다고 해도 그들은 당신을 해칠 수 없다.

내가 꼭 말해주고 싶은 말은 당신이 존재하기에 그들이 존재하는 것이다. 내가 나로서 살아 숨쉬고 삶을 살아가기에 보고 듣고 느끼며 살아가는 것이다. 그러니 타인에게 흔들리지 말고 나를 아껴주는 삶을 살기를 진정으로 바란다. 나를 사랑해주는 삶을 살 수 있을 때 소중한 사람들도 지키고 사랑해줄 수 있다.

그렇기에 표현도 많이 하기를 바란다. 나는 표현을 하지 못해서 마음속에 상처를 키웠는데 이제는 표현을 누구보다 잘하는 사람이 되었다. 오해도 내가 말해야만 풀 수 있다. 나는 이제는 이렇게 생각한다. 과거에는 사람들에게 미움을 받을까 봐 이야기를 하지 못했다면 지금은 나를 지키기 위해서라도 표현할 줄 아는 사람이 되어야 한다고 말이다.

사람들은 절대 내가 마음을 말할 때까지 나의 마음을 모른다. 내가 자신의 마음도 몰라서 상처 입히는데 타인의 마음을 아는 일은 훨씬 더 어려운 일이다. 그러니 지금 당장 표현해서 자신의 마음을 들여다보고 지킬 줄 아는 사람이 되었으면 좋겠다. 더는 마음에 상처 입는 사람이 아니라 마음에 사랑을 주는 사람이 되는 것이다.

과거의 나를 아는 사람들은 지금의 나를 보면 놀란다. 사람의 인생이 이렇게 변화할 수 있다는 사실에 놀란다. 하지만 정작 내가 달라진 부분은 오직 하나, 마음가짐뿐이다.

마음이 강한 자가 결국엔 승리한다고 생각한다. 아무리 돈이 많고 잘나가도 마음이 강하지 못하면 아무 의미 없다. 결국엔 모든 면이 균형 있게 건강해야 한다. 한쪽으로 쏠리면 안 된다.

세상에 중요하지 않은 것들이 없다. 이 말은 곧 나도 당신도 정말 중요하다는 이야기다. 그리고 나 자신을 인정해주었으면 좋겠다. 어렵더라도 이 말을 듣고 한번이라도 생각해본다면 당신은 자신에게 좋은 사람이다.

그냥 다 모르겠고 아무것도 하기 싫고 힘들 때가 온다면, 그리고 지금 내가 해주는 이야기도 안 들어올 때가 있다면, 그냥 깊게 생각 안 하고 독서를 한번 해보았으면 좋겠다. 독서를 통해 최고의 위인들과 이 시대 모든 분야의 최고 권위자들이 당신의 상처받은 마음을 치유해주고 오랫동안 현실에 갇힌 생각들을 다 멋지게 바꿔줄 거라고 확신하기 때문이다. 그러니 자기 자신을 위한 최소한의 노력과 예의로 독서를 시작해보기를 바란다.

— 02 —

독서하는 인생은 행복하다

꿈은 이루어진다.
이루어질 가능성이 없다면
애초에 자연이 우리를 꿈꾸게 하지도 않았을 것이다.

- 존 업다이크 -

나는 나를 믿는다

나는 독서를 만나 인생이 행복해졌다. 독서를 하게 된 뒤로 삶을 감사하는 법을 배우고 사랑을 느끼며 하루하루를 행복으로 채우며 삶을 보내고 있다. 독서를 만나 내가 행복해질 수 있었던 이유는 나를 항상 응원해주는 책 속의 수많은 멘토 덕분이다. 멋지고 아름다운 멘토들이 항상 나의 곁에 있어줘서 나는 강해지고 성장할 수 있었다. 내 인생이 행복한 이유는 정말 독서 덕분이다. 독서로부터 모든 좋은 일이 시작되었기에 나는 독서를 만나 너무 행복하다.

내가 인생에서 제일 크게 변화한 부분은 바로 내일이 오지 않았으면 하는 삶에서 내일이 오기를 바라는 삶으로 변했다는 것이다. 중학생 시절 때만 해도 '내일이 오지 않게 해주세요!'가 나의 바람이었다. 학교에 가는 것이 무서웠기 때문이다. 그래서 나는 매일 밤 창문 앞으로 다가가 기도했다.

'내일은 애들이 괴롭히지 않게 해주세요.'

이것이 나의 중학교 시절 바람이었다. 그때 그 시절에는 하루하루 버티는 삶이었는데 어느덧 시간이 흘러 내가 사람들에게 용기를 주는 멋진 어른으로 성장해 있다는 점이 너무 신기하다. 인생은 한 치 앞을 모른다는 말에 공감하는 바이다. 그때는 모두가 나를 걱정 어린 시선으로 바라보았는데 지금의 나를 바라보는 주변 사람들은 나를 멋있다고 말해준다.

중학교 때 지금의 모습을 상상도 못했는데 타임머신이 있다면 중학교 시절로 잠시 돌아가 불안해하는 사춘기 소녀를 만나 꼭 안아주고 싶다. 그리고 그 소녀에게 사랑한다고, 너무 소중하다고 이야기를 해주고 싶다.

과거의 상처를 통해 얻은 교훈이 너무나 많다. 이제는 그 상처를 미워하지 않고 지금의 나로 성장시켜준 쓰린 약이라고 생각한다. 그래서 감사하는 마음을 갖고 살아가려고 한다.

처음에는 쉽지 않았다. 나를 상처 입힌 이들이 너무 미웠다. 그리고 너무 싫었다. 그래서 내 안에 분노를 키워갔던 것 같다. 하지만 용서는 남을 위해서 하는 게 아니라 나를 지키기 위해서 꼭 해야 한다는 걸 느낀 이후에는 분노를 놓아버렸다.

나는 나에게 상처 입힌 이들에게 똑같이 복수하는 그런 사람이 되고 싶지 않다. '눈에는 눈, 이에는 이'라는 말보다는 내가 성공한 모습으로 복수할 것이다. 최고의 복수는 바로 성공이라는 말을 신뢰하고 가슴에 새기게 되었다. 나는 꼭 성공해서 보여줄 것이다. 내가 얼마나 멋진 사람인지를 말이다. 이런 당당하고 멋진 자신감을 느끼게 된 원동력에도 독서가 있었다. 독서는 참 나에게 많은 가치를 선물해준 정말 감사한 존재이다.

나는 나의 성공을 의심하지 않는다. 나는 성공한다는 걸 알고 믿고 있기 때문이다. 믿음은 엄청나게 강한 가치이다. 많은 사람은 눈으로 보이는 것만 믿으려는 성향이 있는데 나는 믿음에 대한 가치를 이렇게 생각한다. 내가 믿겨서 믿는 것이 아니라 내가 믿으면 믿는 것으로 말이다. 말 그대로 내가 믿으면 믿는 것이다!

남들이 믿어주지 않는다 해도 상관없다. 주어진 현실이 버겁고 힘들다 해도 믿음은 온전한 나의 자유의지이다. 그 누구도 방해할 수도 참견할 수도 없는 가치이기 때문에 나는 내가 믿고 싶은 일이 있으면 그 일이 타인이 봤을 때 불가능한 것같이 느껴지더라도 강하게 믿는다.

남들에게 인정받지 않아도 된다. 타인에게 인정받고자 하는 심리가 긍정적인 요인처럼 작용하면 참 좋지만 나를 가두는 부정적 요인으로 작용하기 때문에 우리는 이 사실을 잘 알고 인지하고 있어야 한다.

어떠한 누가 와도 나 자신을 잃지 말고 낮추지 말았으면 좋겠다. 그 누구도 당신의 꿈을 뺏을 수 없고 당신의 자유를 침해할 수 없다. 당신은 사랑받기 위해, 그리고 이 세상에 당신의 멋진 사랑을 나눠주기 위해 태어난 사람임을 잊지 않아주었으면 좋겠다. 우리는 우리의 존재 자체로 멋있다.

독서를 통해 마음의 힘을 배웠다. 그리고 마음의 건강이 얼마나 중요한 것인지 깨닫게 되었다. 마음이 건강하지 않으면 아무것도 할 수 없다. 시작할 힘이 안 나기 때문이다. 물론 시작을 한다 해도 마음이 아픈 상태이면 너무 힘들다. 그래서 마음은 건강해야 한다. 인생을 살아가는 데 이것만큼 중요한 것이 없다고 생각한다.

아름다운 하루를 사는 사람이 되다

사실 이 세상에는 중요하지 않은 공부는 없다고 생각한다. 하지만 요즘 사회는 스펙이라는 기준에 해당하는 공부만 너무 중요시하는 경향이 많다. 나는 이런 사회의 현실과 분위기가 마음이 아프다. 많은 사람이 자신의 마음을 내버려두고 삶을 살아가기 때문이다.

그렇기에 나는 모두가 자기 자신을 먼저 돌봐주고 아껴주는 사람이 되어줬으면 하는 바람이다. 그래서 마음이 건강해지면 지금 내가 하는 일과 도전하는 일이 오히려 더 빨리 수월하게 해결되고 성공할 것이라고 생각한다. 그러니 여유가 없고 바쁘다고 마음을 너무 내버려두지 않았으면 좋겠다. 모두가 자기 자신을 먼저 돌봐주고 아껴주는 사람이 되어줬으면 하는 바람이다. 모두의 존재가 아름답고 소중하기 때문이다.

나는 마음이 건강해진 뒤로 삶의 아름답고 행복한 변화를 많이 만나게 되었는데 그중 하나는 내 삶이 즐겁다고 느끼는 것이다. 나는 하루하루가 행복한 사람이다. 지금 여기에 이렇게 사랑하는 가족들과 친구들이 있고 내가 좋아하는 책도 읽을 수 있고 언제든지 맛있는 음식을 먹을 수 있다. 그리고 자연은 나의 곁에 항상 있어주는 고마운 존재다. 언제 어디에서나 나와 함께한다. 이처럼 감사로 시작하여 감사로 끝나는 아름다운 하루를 살아가고 있다.

이런 하루들이 모여 나의 삶은 빛나고 아름답다.

내가 정말 좋아하는 말이 있다. 바로 데일 카네기가 한 말이다.

"나는 매일 아침 눈을 뜨자마자 제일 먼저 감사한 일들을 머릿속에 그려보려고 노력했다. 라디오에서 흘러나오는 아름다운 음악 소리, 책을 읽을 시간, 맛있는 음식, 나를 아껴주는 사람들, 다정한 친구들을 생각했다. 그 효과는 대단했다. 감사할 줄 안다는 것은 행복과 건강을 가져다주는 대단한 사상이다."

나는 이 말을 무척 좋아한다. 방금 내가 한 말과 너무 닮지 않았는가? 책을 통해 나는 데일 카네기라는 멋진 멘토를 만났다. 그리고 그 멘토를 사랑하고 존경함으로 인해 나는 그를 닮아간다.

이처럼 내 삶은 독서를 만나 행복해졌다. 내가 사랑하고 존경하는 이들을 닮아가고 그들의 사상과 자세를 배우면서 나는 인생을 불행에서 행복으로 바꿨다. 독서가 사람에게 주는 선한 영향력은 엄청나다. 나는 독서를 하면서 책에 무한 사랑을 받았다. 이제 나는 책에게 받은 사랑과 책이 나에게 준 엄청난 교훈들을 세상에 나눠줄 때라고 믿는다. 그리고 나의 지혜와 사랑을 담은 책을 세상에 펴낼 수 있음에 행복하다.

내가 이렇게 책을 쓸 수 있었던 이유는 〈한국책 쓰기1인창업코칭협회〉 대표 김도사님께 책 쓰기를 배웠기 때문이다. 그리고 김도사님은 책 쓰기뿐만 아니라 의식 확장 분야의 대가이시다. 나 역시 김도사님을 만나 의식도 엄청 확장되어서 삶이 더욱 풍요롭고 행복해질 수 있었다. 나의 스승 김도사님께 이 자리를 빌려 한 번 더 감사의 마음을 전하고 싶다.

나는 정말 축복받은 사람이라고 생각한다. 이 세상에 태어날 수 있는 것도, 한국이라는 나라에 태어난 것도, 우리 가족을 만난 것도, 그리고 독서를 만난 것도 너무 감사하다. 이 세상에 당연한 것은 정말로 하나도 없다. 그렇기에 우리는 항상 감사한 마음을 갖고 살아가야 한다.

감사의 마음도 그 누구를 위한 것이 아닌 나를 위한 멋진 마음가짐의 시작이라고 생각한다. 처음엔 누구나 서툴 수 있지만 감사한 인생을 살고 안 살고의 차이는 정말 크다. 그렇기에 나는 모두가 감사의 마음을 갖고 살아보았으면 좋겠다. 그러면 나는 삶이 점점 더 풍족해지고 행복해질 것이라고 믿는다.

— 03 —

최고의 자기계발은 독서로 시작된다

생각하는 대로 살지 않으면 사는 대로 생각하게 된다.

- 폴 발레리 -

독서를 통해 세상을 변화시킨 사람들

내 인생 최고의 멘토는 독서다. 독서를 통해 그리고 독서를 만나 인생을 멋지게 변화시킨 나는 인생의 최고의 자기계발을 독서라고 확신한다. 내 인생을 뒤돌아보아도 독서를 만나 나는 정말 눈부시게 성장했다. 그래서 매일 가슴 뛰는 삶을 살고 있다.

나의 지인 중 한 사람이 나에게 '나이 먹는 게 두렵다, 그리고 곧 내년이 되면 또 나이가 들어 걱정이다.'라며 고민을 이야기해준 적이 있다. 나는 그 이야기를 듣고 지인에게 이렇게 조언해주었다. 살아간다는 것만으로 엄청나게 의미 있는 것이기에 우리는 설사 아무것도 하지 않는다 해도 살아주었다는 그 자체로 의미 있고 소중한 인생이라고 말이다. 그리고 시간이 지나 나이를 먹는다는 건 그만큼의 시간 동안 경험을 했다는 것이라고 말이다. 나는 사람은 경험한 만큼 더 많이 배우고 성장한다는 것을 알고 있었으므로, 지인에게 1년이라는 시간 동안 더 성장했다고 칭찬을 해주었다. 그리고 성장하고 새로운 해를 맞이할 때 더 멋진 1년을 살아갈 수밖에 없을 것이라고 용기를 주었다. 지인은 나의 말을 듣고 고민이 해결되어 마음이 편해졌다는 감사의 인사를 표했다.

이처럼 내일, 모레, 한 달 뒤, 그리고 1년 뒤 더 성장한다는 믿음을 갖고 살다 보면 현재가 즐거워지고 미래가 기대된다. 그래서 나는 매년 눈부시게 성장하는 사람이다. 그리고 나는 내 삶이 행복하고 감사하다. 무엇보다 나는 이 행복감이 너무 소중하다고 느낀다. 이 감정을 만날 수 있게 해준 것도 다 독서 덕분이었다. 그래서 나는 지금도 독서를 소홀히 하지 않는다. 독서는 자기계발의 필수이자 꽃이기 때문이라고 생각한다.

독서를 통해 인생을 변화시킨 인물들은 세상에 너무 많다. 그 정도로 독서가 주는 인생의 지혜와 가르침은 엄청나다. 세계적인 자동차 기업 테슬라의

CEO 엘론 머스크는 어릴 때부터 책을 즐겨 읽기로 유명했다고 한다. 하루에 책을 10시간을 읽을 정도로 다독가이다. 그리고 그에게 기계에 대한 방대한 지식을 어디에서 얻는지 질문하자 책을 많이 읽어서 얻는다고 간단하게 답변했다고 한다.

그리고 세계적인 IT기업 마이크로스프트의 전 CEO 빌 게이츠는 1년의 책을 50권 이상 읽는다고 한다. 그는 이렇게 이야기한다.

"오늘날 나를 만든 것은 어릴 적 살던 마을의 도서관이었다."

그 정도로 빌게이츠는 책을 사랑하는 사람이었다.

투자의 귀재라고 불리는 버크셔 해서웨이의 CEO 워런 버핏은 하루의 5~6시간 동안 책과 신문을 읽는다고 한다. 그리고 그는 누구나 책을 읽을 수는 있지만, 꾸준히 책을 읽지 않는다며 독서의 중요성을 강조하였다.

이처럼 성공한 세계적인 혁신을 일으킨 CEO나 지도자 중 대부분의 사람들이 독서의 중요성을 강조하는 다독가라는 점에서 독서가 인생을 멋지게 변화시키는 엄청난 존재라는 점을 증명할 수 있다. 많은 성공자들이 독서를 사랑하는 이유가 있는 것이다.

독서는 인생을 멋지게 바꾸어줄 최고의 수단이라고 생각한다. 그리고 자기계발에서도 독서처럼 좋은 것이 없다고 생각한다. 그래서 나는 많은 사람에게 독서의 중요성을 강조하고 추천한다. 독서를 하면 할수록 삶의 내공과 마음가짐, 그리고 지혜가 깊어짐을 느낄 수 있기 때문이다.

원하는 대로 다 가질 거야, 그게 바로 내 꿈일 테니까

독서를 처음 시작했을 때 그 전율을 잊을 수가 없다. 나는 인생을 바꾼 전환점이 한 권의 책이었는데 책의 앞 내용에서도 언급했지만, 팀 페리스 작가의 『타이탄의 도구들』이란 책을 읽고 느낀 전율을 아직도 잊을 수가 없다. 그 안에서 만난 세계의 성공한 거인들이 해주는 인생 조언들을 생각할 때마다 감동을 한다.

사실 나는 정말 이 한 권으로 인생을 변화시켰다. 이 책 한 권이 지금의 나를 만들어준 시발점이었다. 그래서 내가 정말 자기계발의 시작을 독서라고 생각하는 것이다. 할 수 없다고 생각하는 것을 할 수 있다고 생각하게 해주는 힘, 그리고 포기하고 싶을 때 포기하지 않고 다시 일어나라고 행동하게 해주는 힘, 마지막으로 '난 혼자가 아니야.'라며 언제나 나를 믿어주는 그 모든 선한 영향력을 독서를 통해 배웠고 선물 받았다.

두려움보다는 사랑을 선택할 수 있는 사람이 되었다. 두려움보다 사랑을 선택하는 사람이 된 뒤로 내 인생은 정말 아름답고 행복하게 모든 것들이 바뀌었다. 나의 가치관, 삶의 태도, 나의 주변 사람들, 그리고 내 가족들까지…. 내가 달라진 것뿐인데 온 세상이 변화했다. 사실 온 세상은 그대로일 것이다. 그렇지만 세상이 변화했다고 느껴지는 이유는 내가 달라져 나의 삶이 변화했기 때문이다.

독서를 만나 인생이 변화한 뒤로는 모든 순간이 가치 있게 되었다. 그리고 만물을 사랑하는 사람이 되었다. 사랑은 이 세상에서 가장 중요한 가치이자 힘이라고 생각한다. 나는 소중한 사랑을 책에서 배웠다. 엄청난 사랑을 받고 사랑의 힘을 배운 나는 점점 더 강인하고 아름다운 사람이 되어가는 중이다.

변화한 나를 통해 책의 힘을 증명하고 싶다. 앞으로 더 노력할 것이기 때문이다. 나는 원래 안주하는 걸 좋아하는 사람이었다. 도전을 두려워하고 사람들 눈치를 보고 삶을 사는 사람이었는데 이제는 안주하기 싫다. 원하는 인생을 살기 위해 도전하고 성취하며 목표를 이뤄낼 것이다. 예전에는 갖고 싶은 것도 있어도 가질 자격이 없다고 생각하며 살았지만 지금의 나는 다르다. 가호의 〈시작〉이라는 노래를 아는가? 그 노래에 내가 좋아하는 가사가 있다.

"원하는 대로 다 가질 거야. 그게 바로 내 꿈일 테니까. 변한 건 없어. 버티고 버텨. 내 꿈은 더 단단해질 테니 다시 시작해. 다시는 너를 잃고 싶지 않아. 내 전부를 걸었으니까."

나는 <시작>이란 노래의 가사처럼 내 꿈을 지키고 이뤄내는 사람이다. 다시는 나를 타인의 시선과 편견에 짓눌려 나를 잃지 않을 것이다. 나는 나를 믿고 신뢰하는 사람이기에 나를 지켜낼 수 있다. 나 자신을 지키지 못하는 사람은 그 누구도 지킬 수 없다. 이 말을 꼭 기억해주었으면 한다.

사람들에게는 누구나 지키고 싶은 것들이 있다. 지킬 것이 있는 사람은 강한 사람이다. 당신은 모를수도 있겠지만 사실 당신은 엄청나게 강한 사람이다. 그러니 자신을 지키는 연습을 시작해보라. 나 자신이 강해졌다고 느끼는 순간에 당신은 눈부시게 성장해 있을 것이다. 당신이 지키고 싶은 모든 것을 지킬 것이다. 당신은 태초부터 강한 사람이니까. 부디 이 말을 꼭 기억해주었으면 한다.

이렇게 나는 독서를 통해 멘토를 만났고 많은 가르침과 지혜를 통해 성장할 수 있었지만 내가 독서를 통해 제일 크게 얻은 것은 바로 나 자신이었다. 나는 독서를 통해 나를 찾을 수 있었다. 그리고 나의 자아를 마주하게 되었다. 그리고 내 안에 잠재력이 얼마나 큰 사람인지 깨닫게 되었다. 나를 찾게 된 뒤로는 삶이 행복하게 변화한 것처럼 나는 독서를 통해 더욱 멋지게 성장할 수 있었다. 따라서 앞으로도 독서를 멈추지 않을 것이다. 독서를 사랑하기 때문이다.

그리고 나는 독서를 가족처럼, 친구처럼 생각하기 때문에 평생 함께할 수 있다고 믿는다. 나는 안주하지 않을 것이고 도전하며 최선을 다할 것이다. 더욱 자기계발과 자아성찰을 통해 세상을 이끄는 성공자로 다시 태어날 것이다.

독서는 세상에서 제일 바꾸기 어려운 나를 바꾸었다. 그래서 이제는 두렵지 않다. 독서를 통해 배웠기 때문이다. 세상에서 제일 바꾸기 쉬운 사람은 바로 나라는 사실을 말이다. 그래서 이제는 나를 바꿀 것이다. 성공자인 나로 변화시켜 성공할 것이다. 독서는 내 인생 최고의 멘토이자 최고의 자기계발이다.

— 04 —

매일 행복한 삶을 살고 싶다면 독서해라

> 사람이 얼마나 행복한가는 그의 감사의 깊이에 달려 있다.
>
> **- 존 밀러 -**

사랑이 넘치는 사람으로 만들어 준 독서

매일 행복하고 설레는 삶이란 바로 지금이 아닐까 싶다. 매일매일 감사하고 기대되는 삶은 정말 축복받은 삶이라고 생각한다. 과거의 나를 돌이켜보면 행복이라는 단어를 생각해보고 산 적이 없었는데 현재 나는 행복이란 단어를 매일 말하는 사람이 되었다. 정말 신기하고 놀라운 변화이다.

많은 사람은 매일 행복할 수 없다고 생각하는데 내 생각은 조금 다르다. 이제는 매일 감사하고 행복한 삶을 살 수 있다고 믿는다. 그 이유는 내가 매일 감사하고 행복한 삶을 살고 있기 때문이다. 내가 매일 감사한 삶을 살 수 있는 이유는 순간순간을 사랑하고 느끼며 살아가기 때문이다.

행복은 언제나 우리 곁에 있다. 많은 사람이 현실이라는 벽에 부딪혀 행복을 못 느끼고 살아가지만 사실 우리는 행복하기 위해 태어난 사람이다. 나는 이 사실을 깨우치고 삶을 살아갈 수 있는 것에 큰 감사를 하며 보내고 있다. 깨우침에서 늦은 것은 아무것도 없다. 지금이라도 바꾸고 싶은 현실이 있다면 언제든지 바꾸면 된다. 그리고 하고 싶은 일이 있다면 언제든 하면 된다. 나는 이렇게 현실 앞에 두려움보다 꿈을 선택할 줄 아는 사람으로 변했다.

이렇게 꿈을 바라보며 삶을 살 수 있었던 가장 큰 계기는 바로 독서였다. 독서가 나의 가치관 사상들을 전부 변화시켰다. 그래서 나의 삶은 새롭게 태어날 수 있었다.

독서가 주는 힘은 엄청나다. 무엇보다 나는 독서가 주는 사랑을 배웠다. 나는 외로움이 많은 사람이었는데 책을 만난 이후에는 외로움을 느끼기보다는 사람들에게 사랑이 넘치는 사람이라는 이야기를 자주 듣는 사람으로 변했다. 독서를 하면서 마음이 정말 많이 건강해졌다. 건강해진 뒤로는 내 삶의 모든 것들이 아름답고 눈부시고 소중하게 느껴지기 시작했다.

내가 볼 수 있는 것도 내가 느낄 수 있는 것도 모든 순간이 감사하게 느껴졌다. 나의 존재를 부정하며 살던 내가 독서를 만나 독서가 나에게 주는 사랑을 느낀 뒤로는 나를 인정해주기 시작했다. 나를 인정하며 사는 것이 정말 어렵다고 생각했는데 막상 나를 인정해주고 사랑해주기 시작하니까 전혀 어렵지 않았다.

많은 사람이 모든 일에 있어 도전을 두려워하는데 나는 이 두려움도 당연히 사람이니까 느낄 수 있는 감정이라고 생각한다. 그러니 두려움이란 감정에 힘이 안 들었으면 좋겠다. 한 가지 확실한 건 두려움이든 용기든 내가 생각한 것만큼 이겨낼 수 있고 얻을 수 있다. 이 말은 곧 내가 생각하는 것이 현실이 된다는 이야기이다.

많은 성공자들은 이야기한다. 지금 내가 살아온 현실은 오로지 내가 만들어 낸 것이라고 말이다. 그래서 내 삶을 변화시키고 싶다면 다른 사람을 원망하거나 비판하면 안 된다고 한다. 오로지 나만이 내 삶을 변화시킬 수 있다고 말한다.

나도 이 말에 많이 공감한다. 과거 힘든 시절 내 삶이 힘들고 지친 이유로 나를 상처 입힌 사람들을 원망하며 살았다. 하지만 아무리 미운 그들을 원망하고 싫어한다 해도 나의 삶은 절대 변하지 않는다는 걸 깨달았다. 그리고 그들을 놓아주었다. 그 누구도 아닌 나를 위해서 말이다.

어려울 것으로 생각했는데 너무 홀가분했다. 막상 놓아보니 진짜 자유를 찾은 기분이었다. 그리고 나는 그들의 속박에서 벗어날 수 있다. 그리고 나는 깨달았다. 그들을 미워하면서 과거의 기억으로부터 나를 가두고 괴롭히고 있었던 사람은 바로 나 자신이라는 사실을 말이다.

그 일을 깨닫게 된 뒤로 내 삶의 봄이 오기 시작했다. 온 세상이 다르게 보이기 시작한 것이다. 그리고 살고 싶어졌다. 그것도 엄청 행복하게 살아보고 싶어졌다. 나의 마음 공간에 있던 미움을 비우고 나니 이제는 미움과는 반대되는 감정을 채워 넣고 싶어졌다. '미움'과 반대되는 말은 바로 '좋아함'이다. 내가 좋아하는 것들로 채워 넣어서 나의 마음 공간을 가득 채우겠다고 다짐했다.

온 마음을 다하는 삶

내가 그들의 속박에서 벗어날 수 있는 생각과 용기를 준 것은 바로 독서였다. 나는 독서가 주는 강한 가르침을 통해 미움이라는 감정을 이겨냈다. 그리고 나의 마음 공간을 다시 채울 때도 독서와 함께했다. 어두운 감정이 사라진 상태에서 하는 독서는 나를 긍정적인 상태로 다시 만들어주었다. 그렇게 나의 부정적인 자화상은 긍정적으로 변화하기 시작했다.

삶이 긍정적으로 변화하기 시작한 뒤로 정말 많은 것들이 변화하기 시작했다. 우선 예전과 같은 상황의 일이 벌어진다고 해도 나의 반응 태도가 달라졌다. 예전에 누군가 나에게 이유 없는 비판의 소리를 하면 그 소리에 상처입고 힘들어했는데 지금은 그 비판의 소리를 듣는다 하더라도 크게 신경 쓰지 않는다. 특히 타당하지 않은 이유로 상대를 배려하지 않는 사람에게는 절대로 흔들리지 않는다. 나를 존중해주는 사람들의 이야기를 듣기에도 부족한 시간이라는 걸 잘 알고 있기 때문이다.

그리고 스트레스에 대한 관점도 변하게 되었다. 예전에는 스트레스받는 일이 생기면 스트레스에 짓눌려 너무 힘들어했지만 지금은 이 스트레스를 극복하면 나는 엄청나게 성장하겠다고 다시 생각할 줄 아는 사람이 되었다. 그래서 지금 겪는 스트레스를 잘 이겨내서 성장하자는 마인드를 가진 강인한 사람으로 변화하게 되었다.

그리고 사소한 것에도 감사할 줄 아는 사람이 되었다. 세상에 당연한 것은 하나도 없다는 것을 깨닫게 되었기 때문이다. 그래서 나에게 주어지는 그리고 나와 소통하는 모든 것에 하나하나 감사하는 마음을 가지게 되었다.

감사하는 마음을 가지고 살아간 뒤로는 '매일 행복할 수 있구나.' 하고 깨닫게 되었다. 그 이유는 내가 아무리 힘들고 지치는 날에도 감사한 일은 있다는 것을 느끼게 되었기 때문이다. 지치는 순간이 와도 무사히 하루를 잘 보내 주어서 감사하다고 느끼게 되었다. 그리고 슬픈 날에도 오늘은 비록 슬픈 날이었지만 슬픈 감정을 알아차릴 수 있어서 다행이라고, 그렇게 생각할 줄 아는 사람이라서 감사하다고 생각하게 되었다. 그리고 내일은 좋은 일이 생길 거라는 긍정적 믿음도 같이 갖게 되었다.

삶의 모든 관점이 감사에 맞춰 삶이 변해간 뒤로는 매 순간 행복을 느끼게 되었다. 그리고 감사를 느끼며 느낄수록 행복이라는 단어를 입으로도 자주 말하게 되었고, 행복을 계속 말하다 보니 자주 웃게 되었다. 매일 웃음이 늘어갈수록 삶이 따뜻하게 느껴졌다. 그리고 주위 사람들에게도 행복을 같이 나눠주고 싶다는 생각을 하게 되었다. 내 삶을 통해 감사하며 행복하게 사는 것이 얼마나 기쁜 일인지를 깨달았기 때문이다. 그래서 지인들에게도 행복하고 기쁜 삶을 살아갈 수 있도록 좋은 영향을 많이 나눠주고 싶다.

나와 소중한 사람들의 행복도 같이 생각하며 산다는 것은 결국엔 온 마음을 다하는 삶이다. 사랑을 나누고 베푸는 삶이다. 그래서 나는 지인들뿐만 아니라 이 세상 모든 사람에게 꿈과 희망, 그리고 용기를 나눠주는 사람이 되고 싶다. 그래서 삶이 얼마나 행복하고 감사한지에 대해 모두에게 알려주고 싶다.

매일 행복하고 감사한 삶을 살아가는 나를 보며 아직도 어떨 때에는 꿈같이 느껴지기도 한다. 나의 삶이 이렇게 감사하고 아름답게 변화할 수 있을 거로 생각하지 못했기에 더욱 감사하다. 나를 멋지게 성장시켜준 독서를 만난 건 정말 내 인생의 큰 행운이다. 그리고 매일 행복한 삶을 선물해준 독서에게 감사의 마음을 전하고 싶다.

— 05 —

독서하는 자만이 살아남는다

한 권의 책을 읽음으로써
자신의 삶에서 새 시대를 본 사람이 너무나 많다.

- 헨리 데이비드 소로우 -

독서는 내 인생 최고의 고민해결사

독서는 삶을 살아가는 데 매우 중요한 존재이다. 우리는 독서가 주는 가치와 중요성을 깨달아야 한다고 생각한다. 독서가 주는 삶의 긍정적인 영향은 정말 크기 때문이다. 나 또한 독서로 인생을 새롭게 태어난 사람이기에 독서가 주는 힘을 더욱 신뢰하게 되었다. 이제 독서가 선택 사항이 아닌 필수인 시대가 되었다. 삶을 좀 더 지혜롭게 살아가고 싶은 사람이라면 독서를 지금 당장 시작하기를 추천한다.

대부분의 사람은 독서의 습관이 없기에 독서를 어려워하고 책을 읽기 힘들어한다. 그리고 지금 시작하기에 늦었다고 생각하는 경우를 많이 보았다. 나는 독서를 시작할 때에 있어 늦은 시기는 없다고 생각한다. 지금이 제일 빠른 때라고 생각하기 때문이다.

우리가 언제 어떻게 어떤 책을 읽고 삶이 멋지게 변할지 아무도 모른다. 그렇기에 꾸준히 책을 읽는 습관을 들여 인생을 바꿔줄 책을 찾고 읽는 것이 중요하다. 나 역시 한 권의 책을 시작으로 인생이 변화한 사람이기에 더욱 책을 꾸준히 읽는 것을 추천한다. 언제 어디서 인생 책을 만날지 모르는 일이다. 그렇기에 우리는 부지런히 책을 읽어야 한다. 나는 인생 책이라는 말을 참으로 좋아한다. 말 그대로 우리 인생의 최고의 책이라는 뜻이다.

그동안 책을 읽으며 느낀 점이 있다. 그건 바로 책은 꾸준히 읽어야 한다는 것이다. 책은 짧게 읽고 보내기엔 너무 가치가 크다. 그래서 나는 이 가치가 큰 독서를 붙잡고 오래 옆에 두어서 자신의 편으로 만들었으면 좋겠다.

독서가 삶의 미치는 영향이 큰 이유 중에 하나는 살아가면서 갖게 되는 궁금증이나 호기심과 고민을 해결해주기 때문이다. 우리는 한 번의 인생을 살아가기 때문에 한 번의 주어진 시간에 많은 일을 해낼 수 없다. 그러므로 시간 분배와 비율을 잘 정해야 한다. 그 안에서 시행착오를 줄여주고 미리 경험하고 대리만족을 하게 해주는 역할이 바로 독서이다.

책에는 다양한 지식과 내가 몰랐던 분야도 언제든지 알 수 있는 장점이 있다. 그렇기에 우리는 소중한 시간을 좀 더 효율적으로 원하는 목적지에 도착하기 위해서라도 독서를 꼭 시작해야 한다.

독서가 시행착오를 줄여주는 최고의 존재라는 말을 공감한다. 그 이유는 독서는 내가 만날 수 없는 그 분야의 최고의 권위자들을 다 담아낸 존재이기 때문이다. 그리고 과거의 역사 속의 위인들도 만날 수 있다. 우리는 역사를 통해 배우고 발전한다. 그 안에는 기록이 있다. 기록을 읽는 것 그것이 바로 독서이다. 나 역시 행복한 삶을 살 수 있는 것도 독서를 통해 방법을 배운 것이다. 행복의 이치를 깨달은 것이다. 그리고 나를 흔들리지 않게 잡아준다. 모든 일에 있어 도전을 방해하는 요소, 그리고 현실 등 수많은 요인이 존재한다. 그 도전을 끝까지 성취할 수 있게 도와줄 수 있는 존재가 바로 독서이다.

독서는 자신감을 키워준다. 독서에서 실패하는 방법보다는 성공하는 방법을 가르쳐주기 때문이다. 실패하더라도 일어나는 방법을 알려주는 게 독서의 힘이다. 우리는 독서가 가르쳐주는 말들을 믿고 실천하기만 하면 되는 것이다. 그래서 내가 도전을 해서 실패하여 낙심하고 있었을 때도 독서는 나에게 괜찮다고 격려하고 다시 일어나자고 동기부여를 항상 해준다. 그래서 나는 실패하고 좌절했던 모든 순간들에 금방 회복해서 앞으로 나아갈 수 있었다.

이해하는 마음을 길러준 독서

그리고 내가 독서를 통해 배운 점 중에 좋은 점은 바로 사람을 더 많이 이해하는 법을 배우게 되었다는 것이다. 사람은 내가 삶을 살아가면서 제일 많이 만나는 존재이다. 그리고 나도 사람이다. 하지만 우리는 사람 자체임에도 불구하고 사람을 잘 이해하지 못한다. 살아가면서 사람을 이해하는 법을 배우는 것은 참으로 중요하지만 사람 공부를 하는 사람은 많지 않다. 그렇기에 우리는 사람에 관해서 공부해야 한다. 그 이유는 바로 나 자신이 사람이기 때문이다. 그래서 사람 공부를 하게 되면 독서를 통해 전반적으로 해야 한다. 그래서 책은 꾸준히 읽어야 한다.

나는 책을 통해서 사람의 심리를 많이 이해하게 되었다. 그리고 사람을 이해하게 된 뒤로는 사람들에게 상처를 잘 받지 않는다. 사람의 특성을 이해하면 인간관계를 좀 더 수월하게 지낼 수 있다고 생각한다. 이해한다는 말 자체가 사람을 배려할 줄 안다는 것이다. 인간관계에 있어서 배려는 필수라고 생각한다. 책은 인간관계에 대한 다양한 지식을 담고 있다. 그도 그럴 것이 책은 인간이 만든 최고의 지혜이기 때문이다. 우리는 언제든 이 지혜를 읽을 수 있는 세상에 살고 있다. 이처럼 큰 기적은 없을 것이다. 책을 읽는 것만으로도 세상을 공부할 수 있다는 사실은 정말 대단한 것이다. 그래서 책을 읽는 자만이 살아남는 것이다. 독서로 자신의 삶을 변화시킬 수 있다는 것은 기적이다. 독서는 이 세상 힘들 것 같다고 생각하는 일들도 할 수 있다고 믿음을 주는 매우 고마운 존재이다.

처음부터 성공한 이들 모두가 강인했던 것은 아니었다. 그들은 자신이 원하는 꿈을 이루기 위해 최선을 다했을 뿐이었다. 그들은 모든 분야와 지식을 언제든지 독서로 흡수하는 방법을 이미 알고 실천하는 중이다. 그러므로 그들은 엄청나게 강할 수밖에 없다.

그리고 대부분은 미래를 불안해한다. 한 치 앞을 모르는 것이 우리의 인생이기에 대비하지 못한 미래를 불안해하는 것이다. 그리고 일어나지도 않은 일에 먼저 겁을 먹고 걱정을 한다.

과거의 나도 책을 만나기 전에는 현재를, 그리고 앞으로 살아갈 미래를 걱정하느라 바쁘게 살았다. 나를 이끌어주는 멘토도 없었고 주어진 현실도 막막하게만 느껴질 뿐이었다. 걱정은 또 다른 걱정을 낳는다는 말이 맞는 것이, 걱정을 계속하니까 유독 걱정을 많이 하고 살게 된 것 같다. 하지만 책을 만나서 정신을 차린 뒤로는 걱정이라는 말을 쓰지 않으려 한다. 사람은 말한 대로 되기 때문이다. 그래서 나는 걱정하지 않는다.

나의 하루는 내가 주도하는 삶이라는 것을 이제는 누구보다 잘 알기에 매일 감사하며 살고 있다. 그래서 당신이 과거의 나처럼 힘들다면 독서하기를 추천한다. 불안한 미래를 안정으로 이끄는 힘으로 독서만 한 것이 없기 때문이다. 책에는 멘토들의 지혜와 가르침이 고스란히 담겨 있기에 거기서 우리가 하는 고민에 대한 방안은 손쉽게 얻을 수 있다. 미래에 불안하지 않으려면 미래를 준비해야 한다. 미래를 준비하기 위해서는 지식이 필요한 것이다. 지식을 얻는 수단에 독서만큼이나 좋은 것은 없다.

소크라테스는 이런 말을 남겼다.

"남의 책을 읽는 데 시간을 보내라. 남이 고생한 것에 의해 쉽게 자기를 개선할 수 있다."

소크라테스의 말처럼 책은 시행착오를 줄이고 실패를 줄이며 내가 어떤 방향으로 나아가면 좋을지에 대한 방향키를 제시해준다. 내가 경험하지 못한 것들을 책 한 권으로 손쉽게 얻을 수 있기 때문이다. 그래서 많은 사람이 이야기한다. 책 속에는 그 사람의 인생 전체가 들어 있다고 말이다. 우리는 한 사람의 인생을 한 권의 책으로 읽고 그 책을 통해 지혜와 배움을 얻을 수 있다. 그러므로 우리는 독서를 해야만 한다. 책을 읽는 자만이 더욱 현명하게 살아남기 때문이다.

— 06 —

내 인생을 행복하게 바꿔준 독서

> 나로 말할 것 같으면 긍정주의자인데
> 다른 사람이 돼봤자 별 쓸모가 없는 것 같기 때문이다.
>
> **- 원스턴 처질 -**

우리는 마음먹은 만큼 행복해진다

많은 사람이 나에게 행복하게 삶을 살 수 있는 이유를 묻는다. 나는 사람들에게 항상 이야기한다. 뭐든지 마음먹기에 달려 있다고 말이다. 마음가짐이 중요한 이유는 삶을 살아가는 모든 태도는 바로 마음가짐에서 나오기 때문이다. 특히 어떠한 마음가짐을 가지냐에 따라 인생의 만족도가 달라지는데 여기서 부정적인 마음을 지니면 삶을 힘들어질 것이고, 반대로 긍정적인 마음을 가지다면 삶을 분명 행복해질 것이다. 누구나 알 수 있는 단순한 진리이자 사실이다.

하지만 이 단순한 진리를 알고 있음에도 실천하기는 참으로 어렵다. 왜냐하면 사람은 누구나 현실에 힘들어하고 지쳐 있기 때문이다. 현실을 즐기는 자야말로 진정한 성공자라고 생각한다. 매일 하루의 감사함보다는 자신의 매일 반복되는 일상을 힘들다고 생각하는 사람들이 더 많기 때문이다. 우리는 바로 이 마음가짐부터 고쳐야 한다. 그래야 행복한 삶을 살 수 있기 때문이다.

행복한 삶을 살아갈 수 있는 것이야말로 정말 감사한 삶이라고 생각하고 있다. 그래서 나는 매일 감사하고 행복한 일들을 찾아 마음에 담는다. 그러면 하루의 시작이 끝이 너무 행복하다. 아침에 일어나면 나는 하루를 명상으로 시작한다. 명상하면 마음이 차분해지고 생각을 비우면서 나를 돌아보는 시간을 가질 수 있다. 그러고 나서 간단한 스트레칭과 식사를 하고 출근하기 전까지 책을 읽는다. 이렇게 나는 매일 아침 독서를 하게 되었다. 아침 독서를 하며 하루를 행복하게 보내는 힘을 기르게 되었다. 이 힘은 나의 삶을 건강하게 만들어주는 데 긍정적인 영향을 미쳤다. 독서를 하면서 멘토들의 지혜와 통찰력을 얻으므로 아침을 좋은 생각으로 가득 채울 수 있었고 온종일 좋은 지혜들이 머릿속에 담겨 행복한 하루를 보낼 수 있게 되었다.

독서를 하며 부정적인 감정은 결코 나의 인생의 도움이 되지 않는다는 것을 깨달았다. 많은 성공자들이 매사 긍정적이기 위해 노력한다는 사실을 독서를 통해 배웠다. 그들은 항상 긍정적이기 위해 기분이 좋지 않아도 강압적으로라도 긍정적이기 위해 노력한다고 말하였다.

나는 그들을 떠올리면 참으로 대단하다는 생각을 자주 하게 되었다. 그들도 사람이라 다양한 감정이 공존하고 때로는 부정적인 감정에 흔들리기도 한다는 사실을 느끼게 되었다. 다만 그 사람들과 나의 차이는 그 사람들은 어떠한 상황 속에서도 흔들리지 않고 중심을 잡는다는 것이었다.

나는 그들의 행동과 마음가짐을 배우기로 다짐했다. 그들의 삶이 매우 멋지고 부럽다고 느껴지기 때문이다. 그래서 그들의 행동을 하나씩 따라 하는 사람이 되었다. 그리고 지금의 나에게는 성공자들의 습관을 따라 하는 좋은 습관이 생기게 되었다.

그들의 습관을 따라 하면서 나의 인생이 같이 건강해지고 행복해지고 있음을 느꼈다. 그리고 그들을 닮아가기 시작하면서 나의 인생 전체의 틀이 변하기 시작한 것 같다. 나는 내가 책을 통해 성공자들을 만나고 책을 읽음으로써 나의 삶을 변화시킬 수 있었다. 나는 독서를 통해 성공자들의 습관을 배우고 일상에 적용함으로 삶의 행복을 얻을 수 있었다.

나는 내가 세상의 성공자들을 이렇게 매일 만날 기회는 오로지 책밖에 없다고 생각한다. 아무리 생각해도 그들의 방대한 지혜를 손쉽게 읽는 것만으로도 얻어갈 수 있는 것을 큰 행운이라고 생각한다. 그리고 그들을 나의 멘토로 삼을 수 있는 것도 너무나 큰 특권이라고 생각한다. 독서가 주는 엄청난 장점이다. 우리는 독서를 꼭 해야만 한다. 이러한 지혜와 통찰을 어디에서나 만날 수 없기 때문이다.

우리는 매일 사랑을 받고 있다고 생각한다. 멘토들의 가르침을 사랑이라고 표현하는 이유가 있다. 내가 책을 써서 사람들에 행복해지는 삶을 살기 바라는 마음을 담듯이 책 속의 멘토들도 다 같은 마음일 것이기 때문이다. 부를 다루는 책을 쓴 멘토는 우리에 부자인 삶을 살 수 있도록 도와주는 것이고, 인간관계를 다루는 책을 쓴 멘토는 건강한 인간관계를 갖기를 바라는 마음에서 책을 쓰는 것이라 생각한다.

이 세상에는 수많은 책이 있듯이 우리를 항상 잘되었으면 하는 마음으로 응원하는 수많은 멘토가 우리의 곁에 있다. 그러니 우리가 주변의 시기, 질투, 비난 등의 부정적인 감정에 휘둘리지 않는 사람이 되었으면 한다. 설사 오늘 타인이 나의 기분을 망쳐 우울하더라도 타인 때문에 소중한 나의 기분을 망치는 사람이 되지 않았으면 좋겠다. 우리는 우리 존재만으로 소중한 사람들이기 때문이다. 그리고 그럴 때 항상 나를 응원해주는 멘토들이 존재한다는 사실을 기억해주었으면 좋겠다.

힘이 들고 지칠 때 이 생각이 나를 위로해주었고 그로 인해 버티고 이겨낼 수 있었다. 그래서 나는 독서가 참으로 좋고 중요하다고 생각한다. 독서의 중요성이 더 많이 알려져 많은 사람에게 사랑을 많이 받았으면 좋겠다는 생각을 하게 되었다.

시련은 변형된 축복이다

예전에는 불안함을 떨칠 수가 없어서 항상 힘들었던 기억이 난다. 과거에는 의지할 곳이 없었고 도움을 구할 곳이 없었다. 나의 마음을 이야기하는 것이 민폐라는 생각을 해서 마음을 이야기할 수가 없었다. 미움받는다는 생각이 나의 마음을 다치게 한 것이다. 그러면서 나 자신을 가두고 가장 많이 괴롭혔던 사람은 바로 나였다는 사실을 깨닫게 되었다.

표현해야 한다. 말하지 않으면 아무도 알아주지 않는다. 내가 내 마음을 알아주지 않는데 타인이 내 맘을 알기 바라는 마음은 욕심이라고 생각한다. 그래서 마음을 자주 전해야 한다. 감사할 때는 감사하다고 고마울 때는 고맙다고, 미안할 때는 미안하다고 말이다. 그래야 후회가 남지 않는다.

인간은 후회를 안 하고 살 수 없다고 한다. 내가 완벽한 삶을 살아간다고 생각하는 사람도 후회한다고 한다. 제일 좋은 방법은 지금 삶을 감사하며 사는 것이 행복을 늘리고 후회를 줄이는 것이라고 한다. 후회를 안 하고 살 수는 없다. 하지만 이왕 산다면 덜 후회가 남게 살면 좋겠다. 그렇게 살 수 있다고 생각한다.

독서를 만난 이후에 삶의 안정감이 생겼다. 그리고 삶이 감사하고 행복해졌다. 후회라는 감정에 붙잡혀 살기보다는 앞날의 희망에 기대를 걸고 앞으로 나아가는 힘을 기르게 되었다. 끌려다니는 삶에서 주도하는 삶으로 변하게 된 것이다. 아무리 생각해도 기적 같은 일이 일어났다고 생각한다.

사람은 생각하는만큼 변한다. 나는 현실에 안주하지 않는 사람이 될 것이다. 독서를 통해 책이 나에게 가르쳐주는 사랑과 넓은 세계관은 나를 행복하게 만들고 가슴 뛰는 삶을 살 수 있게 만들어주기 때문이다. 그리고 세상에 겪는 모든 일은 생각하기 나름이다. 어떻게 받아들이냐의 차이이다.

나는 이제는 과거의 기억도 트라우마가 아닌 내 인생을 강하게 만들어준 변형된 축복이라고 믿는다. 과거의 내가 없었다면 지금의 마음가짐을 가진 나도 없었을 것이다. 삶이 감사하고 아름답다는 것을 배우지도 못했을 것이다.

내가 제일 좋아하는 부부 작가님이 계신다. 바로 권마담님과 김도사님 부부다. 두 작가님이 이번에 내신 공저 『부와 행운을 끌어당기는 우주의 법칙』에 나오는 권마담님의 과거 회상 편 중 이런 말이 나온다.

"그 아픈 과거가 지금의 강한 나를 만들었다. 남을 배려할 줄 아는 포용력이 넓은 사람이 되었다. 가난이 축복이었다. 술이 축제였다. 이것은 용서할 문제가 아니라 감사할 일이다. 나의 과거에 감사하며 더 단단한 나로 지금의 역할을 할 수 있게 해준 아버지가 지금은 참 고맙다."

권마담님의 남편 김도사님도 지독한 가난과 힘든 현실에 절대 포기하지 않아서 지금의 엄청난 성공과 부를 이루신 분이다. 두 분이 항상 하시는 말씀이 있다. 시련은 변형된 축복이라고, 그리고 절대 포기하지 말라고, 나도 할 수 있으면 당신도 할 수 있다고.

나는 두 분의 말씀을 전적으로 믿고 신뢰한다. 나의 인생에 큰 은인이다. 나는 두 분을 만난 것을 큰 축복이라고 생각하며 살고 있다. 아름다운 두 분께 가르침을 받아 나는 더욱 성장했고 세상에 빛이 나는 내가 되리라 다짐할 수 있었다. 그래서 나는 앞으로 내게 힘든 일이 찾아온다 해도 나의 삶에 감사하는 태도를 갖기로 정했다. 나는 나에게 계속 행복하고 발전해나갈 멋진 앞날밖에 없다고 생각한다. 독서는 내 인생을 행복하게 바꿔주었다.

— 07 —

내 인생 최고의 배움, 독서

> 자신을 믿어라. 자신의 능력을 신뢰하라.
> 겸손하지만 합리적인 자신감 없이는 성공할 수도 행복할 수도 없다.
> **- 노먼 빈센트 필 -**

나의 삶을 행복하고 아름답게 만들어준 독서

추운 겨울 크리스마스 시즌이 다가오면 나의 인생을 바꿔준 책을 만난 기억이 난다. 그 당시 날씨도 너무 춥고 마음도 너무 차가워서 많이 방황했는데 나의 인생에 운명처럼 찾아와준 책들에 너무 감사한 마음이 든다. 그리고 그때 책에 간절하게 이야기했던 말도 함께 떠오른다.

'책들아, 도와줘.'

정말 책은 나의 이야기를 듣고 나를 도와주었다. 그리고 내 인생을 구해주었다. 책을 만나기 전에는 모든 일상이 춥게만 느껴졌는데 이제는 따뜻함을 느끼고 사람들에게 용기를 주는 사람으로 변해 있는 사실이 너무 감사하다.

나를 믿는다는 말은 누구나 다 아는 말이지만 실제로 이 말을 실천하는 사람은 생각보다 적다. 진심으로 자기 자신을 믿는다는 건 생각보다 어려운 일이라고 생각하기 때문이다. 하지만 나는 이제 생각이 다르다. 어려운 일이라고 생각하기에 어려운 것이 된다고 느끼기 때문이다. 그래서 이제는 뭐든지 도전하고 실천한다. 결과는 후에 생각해도 늦지 않는다. 실패가 두려워 아무것도 하지 못해 후회하느니 차라리 해보고 후회하는 것이 낫다. 그리고 그 기회가 내 인생을 바꿀 기회일지 아무도 모르는 것이다. 그렇기에 나는 하고 싶은 일이 있으면 일단 도전하고 앞으로 나아간다.

이런 자신감을 느끼고 살아갈 수 있게 나를 바꿔준 것은 바로 독서였다. 독서는 내 인생의 가장 큰 선물이자 최고의 배움이다. 그리고 나는 독서를 만나 매일 행복한 삶을 살아가고 있다. 나의 인생의 모든 부분이 변화하였다. 내일이 오지 않기를 바라는 삶에서 오늘이 감사하고 내일이 기대되는 삶으로 변화했다. 그리고 현재를 사랑하게 되었고 눈부신 미래를 기다리며 열심히 나아가는 사람이 되었다. 눈부신 미래가 내 인생에 펼쳐질 것이라고 나는 믿어 의심치 않는다. 책을 통해 우리의 인생이 얼마나 소중한지를 배웠기 때문이다. 책이 있어서 나는 더는 외롭지 않다. 그리고 내 주위에는 좋은 사람들도 많이 생기게 되었다.

책을 만나 나의 성격이 밝게 변화하기 시작했고 어느새 나는 모두에게 긍정적인 사람이라는 말을 듣는 사람으로 변해 있었다. 나의 자화상이 건강하고 밝게 변화한 뒤로 나를 좋아해주고 친해지고 싶어 하는 사람들도 많이 생기게 되었다. 그리고 나 또한 밝고 긍정적인 나의 모습이 매우 좋다. 그래서 나 자신을 더 많이 응원해주고 사랑해주는 건강한 사람으로 변화했다.

나의 내면이 건강해지니 외면도 점점 건강해지고 무엇보다 이제는 나의 주변 사람들에게도 좋은 영향을 줄 수 있는 사람이 되었다. 예전에 나라면 생각해보지도 못했던 일인데 이제는 나의 지인을 비롯하여 사람들에게 용기를 주는 사람으로 변해 있다는 사실이 너무 행복하다.

그리고 표현하지 않는 삶을 살다가 표현하는 삶을 사는 지금이 매우 좋다. 내 생각을 솔직하게 말하고 살 수 있는 건 정말 큰 행복이다. 나는 표현하지 않고 속마음을 숨기고 사는 사람들의 마음을 잘 안다. 물론 저마다의 생각과 마음속 이야기는 모두 다 다르겠지만 나는 그래도 마음을 숨기고 사는 사람들의 마음을 공감하고 그 아픔이 얼마나 힘든지도 잘 안다. 그때는 속마음을 이야기하는 것이 세상에서 제일 어려운 일이라고 생각했는데, 표현하는 삶을 살다 보니까 표현이 생각했던 것보다 어려운 일이 아니었다는 생각이 든다.

사람들에게 나의 마음을 자주 표현하다 보니 좋은 점도 많이 생겼다. 이제는 과거처럼 일방적인 오해를 받지 않는다. 그리고 상대방의 진심을 더 많이 이해하고 공감할 수 있는 사람이 되었다. 그리고 상대방도 나를 이전보다 더 많이 존중해주는 것을 느낀다. 내가 표현하지 않은 삶과 표현할 줄 아는 2가지 삶을 살아보니까 표현하고 사는 삶이 더 좋다.

고마운 책들에게 배운 사실 꿈은 이루어진다

표현하고 사는 삶을 살다 보니 나에게는 꿈이 생겼다. 과거의 나에게 꿈이란 과분한 존재였다. '내가 꿈을 이룰 자격이나 있을까?'라는 생각을 자주 하였다. 그리고 꿈은 언제나 나에게는 가혹하고 먼 존재같이 느껴졌다. 그렇게 꿈을 잊어버리고 살다가 독서가 나의 멘토가 되어준 뒤로는 내 삶이 전부 바뀌게 되었다. 나의 가치관까지 다 변하게 만든 힘이 바로 독서이다. 독서의 힘은 내 안의 잠재력을 더욱 강하게 만들고 키워주었다. 그리고 내가 알지 못하는 세계관을 확장시켜주었다. 그 뒤로 나는 나무를 보는 사람이 아닌 숲을 보는 사람이 되었다.

마음속에 눈앞의 현실보다 큰 이상을 품은 나는 이상주의자다. 이 세상 성공한 모든 사람은 대부분 이상주의자이다. 이상을 실현하는 데에 삶의 가치를 두는 사람이 바로 이상주의자이다. 나는 세상을 선한 영향력으로 사랑을 베푸는 큰 사람이 될 것이다. 나의 이상은 곧 내가 살아가는 용기가 되어주기에 나는 할 수 있다고 믿는다.

많은 사람이 꿈을 이루기 힘들다고 생각하는데 나는 생각이 다르다. 나도 그들의 말을 공감하며 살아갔을 때가 있었지만 내가 원하는 꿈과 원하는 삶을 동시에 이루고 누리면서 꿈을 이룬 사람도 세상에 정말 많다는 것이다. 그리고 그들의 주장도 이렇다. 내가 할 수 있으면 당신도 해낼 수 있다는 것이다. 나도 그들이 할 수 있다고 말하는 것처럼 내가 믿기 때문에 강력하게 신뢰할 것이다. 그리고 내가 꿈을 이룰 수 있다는 사실을 나는 더는 의심하지 않는다. 나에게는 최고의 멘토들이 있기에 두렵지 않다. 도전이 설레고 가슴 뛰는 삶을 선물 받아서 너무 행복하다.

독서를 통해 나는 삶을 살아가는 용기를 얻게 되었고 내가 얼마나 소중하고 강인한 사람인지를 깨닫게 되었다. 그래서 나는 나의 성공을 믿는다. 그리고 내가 아끼고 사랑하는 멘토들이 나를 믿어주고 응원해주는 것처럼 나도 그들을 신뢰하기 때문에 충분히 해낼 수 있다. 믿음과 확신을 가지고 삶에 대한 소명의식이 분명하다면 이 세상에 이루지 못할 일은 결코 없을 것이다.

나는 가끔 이런 생각을 한다. 모두가 나에게 할 수 없다고, 포기하라고 했을 때가 사실 그리 오래되지 않았다. 불과 몇 년 전 일이다. 나는 그때만 해도 억장이 무너지는 심정을 이겨내지 못해서 가슴 아파했다. 그래서 도전이 두렵고 세상을 살아가는 것이 무서웠던 나였는데, 어느새 이렇게 성장해서 타인을 도와주고 사랑을 베풀며 꿈을 응원해주는 사람이 되었다는 사실이 너무 신기면서도 감사하다.

이러한 일들을 통해서 얻은 교훈들이 참으로 많은데 그중 하나가 이 세상에는 당연한 것이 하나도 없다는 것이다. 그래서 모든 것에 감사하는 마음을 가지며 살아가야 한다. 또 하나는 세상에 좋은 것과 나쁜 것은 정해지지 않았다는 것이다. 모든 일이 생각하기 나름대로 좋은 일이 되고 나쁜 일이 되는 것이다. 시련은 변형된 축복이다. 그 말은 우리의 모든 인생이 축복이라는 것이다.

당신이 힘들다 하더라도 포기하지 않았으면 좋겠다. 존재 자체로 소중한 사람이라는 사실을 꼭 기억해주었으면 좋겠다. 만약 당신이 지금 살아가는 삶이 각박하고 힘들다고 느껴질 때도 작은 희망이라도 꼭 놓지 말고 가슴 속에 품었으면 좋겠다. 당신의 모든 순간을 응원해주고 싶다. 그것이 내가 책을 쓰는 이유이다. 그리고 과거의 힘든 일을 극복하고 독서를 하면서 깨달은 나의 소명 의식이다.

이렇게 나를 강인하고 사람답게 살 수 있도록 나를 사랑해준 책들에게 매우 고맙고 사랑한다고 이야기해주고 싶다. 나를 믿어주고 응원해주는 만큼 자랑스러운 내가 될 것이다. 그래서 이 세상에 선하고 멋진 사랑을 많이 베풀 줄 아는 큰 사람이 되어서 내가 얼마나 아름다운 사람인지 꼭 보여줄 것이다. 이 자리를 빌려 책들에게 해주고 싶은 말이 있다.

"책들아, 내 인생에 나타나줘서 매우 고마워. 나 정말 외롭고 많이 쓸쓸했는데 너희를 만나서 더는 외롭지 않았어. 내 친구가 되어줘서 고마워. 항상 자신감 없고 드림킬러들에게 상처받아서 우울해 있을 때도 할 수 있다고 용기를 줘서 고마워. 너희가 있어서 기죽지 않고 강해질 수 있었어. 내 인생에 멘토가 되어줘서 고마워. 마지막으로 내가 사랑하는 가족처럼 나에게 큰 사랑을 줘서 고마워. 이제 내게도 너희는 가족이야. 책들아, 사랑해."

내가 독서를 할 줄 아는 사람이라서 참으로 행복하다. 내 인생의 최고의 배움이자 최고의 사랑을 선물해준 독서가 있어서, 참으로 기쁘고 행복한 삶을 살 수 있어서 나는 오늘도 감사하다.

— 에필로그 —

포기하지 않으면 때가 되었을 때 이루어진다

내가 삶을 살면서 느낀 점이 있다. 나는 과거에 겪었던 힘든 일들을 나의 콤플렉스라고 생각하며 숨기고 살았다는 것이다. 그런데 책을 쓰면서 내가 겪은 힘든 일들이 누군가에게 힘이 되어주고 용기가 될 수 있다는 이야기를 들었을 때, 정말 많이 놀랐고 만감이 교차했다. 그리고 감동의 눈물을 흘렸다.

그 당시에는 정말 너무 힘든 일들이지만 다시 생각해보면 지금의 강인한 나를 만들어준 고마운 일들이다. 무엇보다 과거의 일을 겪었기 때문에 지금의 감사하는 삶과 배움을 놓지 않았고 꾸준히 자기계발하며 발전하는 사람이 될 수 있었다고 생각한다. 그리고 그 일을 겪었기에 정말 멋진 꿈을 꾸고 품는 사는 사람이 되었다. 이보다 감사한 일은 없는 것 같다.

모든 사건은 완벽한 타이밍에 일어나는 일이라고 한다. 그 일이 좋은 일이든 안 좋은 일이든 지금의 나의 인생에 있어 꼭 필요한 일이다. 그 일들이 있어서 현재의 내가 존재할 수 있는 것이기에 우리는 모든 일에 감사하며 살아가야 하는 것이다. 그래서 나는 이 삶에 진심으로 감사한다. 내가 이렇게 이야기를 하고 모두에게 나의 이야기를 들려주는 날이 오다니, 너무 행복하고 기적이라고 생각한다.

문득 드는 생각이 있다. 내가 정말 힘들었을 때 포기하고 싶었던 적이 참 많았는데 포기하지 않은 나 자신이 너무 고맙다는 것이다. 그리고 모두에게도 이렇게 이야기해주고 싶다. 포기하지 말라고 말이다. 다른 건 몰라도 자기 자신만큼은 어떤 일이 있어도 포기하지 말라고 꼭 이야기해주고 싶다.

그리고 마음도 항상 건강하게 유지할 수 있도록 마음을 꼭 돌보기로 약속해주었으면 좋겠다. 결국 행복한 삶이라는 건 나 자신을 아껴주고 가족과 이웃을 온 마음을 담아 사랑하는 것이다. 나는 모두가 진심으로 행복한 삶을 살기를 바란다.

세상에는 당연한 것이 하나도 없다. 내가 지금 보고 듣고 느끼는 것들과 당신과 살아가는 현재라는 시간 속에도 당연한 건 하나도 없다. 우리는 유한한 삶을 살고 있다. 유한한 시간은 너무나 소중하다는 것을 인지해야 한다. 시간은 계속 흘러가고 있다. 이렇게 유한한 시간 속에서 우리 모두가 행복을 느끼며 사랑하는 사람들과 행복한 삶을 살기에 집중할 수 있기를 바란다.

지금의 나는 모든 인생이 축복이라고 생각한다. 바뀐 것은 오로지 나 자신뿐이었는데 온 세상이 아름다워졌다. 이처럼 세상은 어쩌면 항상 우리 편일지도 모른다. 아름다운 세상과 행복한 삶을 살아갈 수 있는 것은 오로지 나의 선택의 문제일 뿐이다.

그리고 도망치지 않았으면 좋겠다. 우리는 살면서 분명 도망치고 싶고 힘든 순간에 마주할 것이다. 하지만 그건 우리가 사람이기에 다양한 감정을 느낄 수 있는 것이고, 힘들고 지쳤다는 사실도 알 수 있는 것이다. 당신은 항상 언제나 안전하다는 것을 꼭 기억해주었으면 좋겠다.

당신에게 "당신은 아름답고 소중합니다. 그리고 너무 특별합니다. 모든 일에 두려워하지 마세요. 당신은 안전합니다."라고 꼭 이야기해주고 싶다. 삶이 힘들더라도 지구별 어딘가에서 당신을 항상 응원하는 작가 박지영이 있다는 사실을 꼭 기억해주었으면 좋겠다.

나에게는 많은 꿈과 소명의식이 있다. 내 꿈은 행복한 마음 부자, 건강 부자, 풍요 부자이다. 그래서 멋진 부자가 되어 세상에 이로운 일을 많이 하고 사랑을 베풀고 도와주며 삶을 살 것이다. 그리고 과거의 나와 같이 마음이 힘든 이들에게 용기와 힘을 주는 사람이 되어 그들의 존재가 얼마나 소중한 존재인지를 일깨워주는 메신저가 되고 싶다. 이것이 나의 소명의식이다.

에밀리 과이의 말처럼 당신 자신을 믿어라. 그러면 그 무엇도 당신을 막지 못할 것이다. 나는 이 말처럼 나 자신의 믿음과 신념이 있다면 이 세상에 헤쳐 나가지 못할 일은 없다고 생각한다. 꿈을 믿고 이룰 수 있다고 생각한다.

여러분들이 소중하듯이 우리의 꿈도 너무나 소중하다. 나는 진심으로 우리가 꿈꾸며 사랑하고 행복한 삶을 살 수 있다고 믿는다. 앞으로도 같이 멋지게 살아갈 지구별 동료들에게 잘 부탁한다고, 항상 응원한다고 이야기해 주고 싶다.

마지막으로 내 삶의 은인들에게 감사의 인사를 표하고 싶다. 나의 가족 최영자 할머니, 이지현 엄마, 박광일 아빠, 박기윤 오빠가 있어서 내 삶이 존재하고 내가 이렇게 살아올 수 있었다. 그대들이 내 삶의 이유이다. 나의 모든 것인 소중한 가족들에게 무한 감사와 사랑을 표한다. 더 사랑스러운 딸이자 동생이 되겠다. 그리고 나를 항상 응원해주는 예쁜 친구들도 너무 고맙다.

그리고 나에게 스승님 두 분이 계신다. 바로 김도사님과 권마담님이시다. 나의 롤모델이자 내 삶의 은인이다. 나는 스승님들께 많은 사랑과 가르침을 받아 멋지게 성장할 수 있었다. 나도 존경하는 두 분의 자랑스러운 제자가 되고 싶다.

내 삶의 따뜻한 태양이 되어준 고마운 책들에게도 감사 인사를 하고 싶다. 책이 있어서 비로소 진정한 나 자신을 깨달았다.

나는 참 감사하다. 나는 복이 많은 사람이다. 이렇게 감사한 사람들과 함께 현재를 사랑하며 살 수 있는 것은 큰 축복이다. 나의 은인들에게 다시 한 번 더 감사하다고, 사랑한다고 이야기해주고 싶다.

그리고 나의 이야기를 들어준 모든 독자분들에게 깊은 감사의 인사를 전한다.

— 부 록 —

내 삶을 바꿔준 책의 기록

1. 『타이탄의 도구들』, 팀 페리스 저 · 박선령 외 1인 역, 토네이도, 2018

2. 『혼자만의 시간이 필요한 이유』, 나코시 야스후미 저 · 권혜미 역, 책이 있는 풍경, 2018

3. 『스물아홉 생일, 1년 후 죽기로 결심했다』, 하야마 아마리 저 · 장은주 역, 위즈덤하우스, 2012

4. 『미라클 모닝 밀리어 네어』, 할 엘로드 외 1인 저 · 이주만 역, 한빛비즈, 2019

5. 『하루 5분 아침 일기』, 인텔리전트 체인지 저 · 정지현 역, 심야책방, 2017

6. 『우주의 법칙』, 권마담 · 김도사 저, 굿웰스북스, 2020

7. 『백만장자 메신저』, 브렌드 버처드 저 · 위선주 역, 리더스북, 2018

8. 『절제의 성공학』, 미즈노 남보쿠 저 · 류건 편, 바람, 2013

9. 『미친 꿈에 도전하라』, 권마담 저, 위닝북스, 2013

10. 『백만장자 시크릿』, 허브 에커 저 · 나선숙 역, 알에이치코리아, 2008

11. 『돈의 속성』, 김승호 저, 스노우폭스북스, 2020

12. 『내가 100억 부자가 된 7가지 비밀』, 김도사 저, 미다스북스, 2019

13. 『확신의 힘』, 웨인 다이어 저 · 김아영 역, 21세기북스, 2013

14. 『생각하라! 그럼 부자가 되리라』, 나폴레온 힐 저 · 남문희 역, 국일미디어, 2018

15. 『부의 추월차선』, 엠제이 드마코 저 · 신소영 역, 토트, 2013

16. 『채근담』, 홍자성 저 · 김성중 역, 홍익출판사, 2005

17. 『조셉머피 잠재의식의 힘』, 조셉 머피 저 · 김미옥 역, 미래지식, 2011

18. 『네빌 고다드 5일간의 강의』, 네빌 고다드 저 · 이상민 역, 서른세개의계단, 2011

19. 『꽃을 보듯 너를 본다』, 나태주 저, 지혜, 2015

20. 『화폐전쟁』, 쑹훙빙 저 · 차혜정 역, 알에이치코리아, 2019